OS MORTOS NOS OBSERVAM TOMANDO BANHO?

CONCETTA BERTOLDI

OS MORTOS NOS OBSERVAM TOMANDO BANHO?

E Outras Perguntas que Você Morre de Vontade de Fazer a um Médium

Tradução
Denise de C. Rocha Delela

Editora
Pensamento
SÃO PAULO

Título original: *Do Dead People Watch You Shower?*
Copyright © 2008 Concetta Bertoldi.
Publicado mediante acordo com HarperCollins Publishers.
Todos os direitos reservados. Nenhuma parte deste livro pode ser reproduzida ou usada de qualquer forma ou por qualquer meio, eletrônico ou mecânico, inclusive fotocópias, gravações ou sistema de armazenamento em banco de dados, sem permissão por escrito, exceto nos casos de trechos curtos citados em resenhas críticas ou artigos de revistas.

A Editora Pensamento-Cultrix Ltda. não se responsabiliza por eventuais mudanças ocorridas nos endereços convencionais ou eletrônicos citados neste livro.

Dados Internacionais de Catalogação na Publicação (CIP)
(Câmara Brasileira do Livro, SP, Brasil)

Bertoldi, Concetta
Os mortos nos observam tomando banho? : e outras perguntas que você morre de vontade de fazer a um médium / Concetta Bertoldi ; tradução Denise de C. Rocha Delela. – São Paulo : Pensamento, 2009.

Título original: Do dead people watch you shower?
ISBN 978-85-315-1565-1

1. Espiritismo 2. Mediunidade 3. Médiuns 4. Vida futura – Miscelânea I. Título.

09-01172 CDD-133.91

Índices para catálogo sistemático:
1. Mediunidade : Espiritismo 133.91
2. Médiuns : Espiritismo 133.91

O primeiro número à esquerda indica a edição, ou reedição, desta obra. A primeira dezena à direita indica o ano em que esta edição, ou reedição, foi publicada.

Edição
1-2-3-4-5-6-7-8-9-10-11

Ano
09-10-11-12-13-14-15-16-17

Direitos de tradução para o Brasil
adquiridos com exclusividade pela
EDITORA PENSAMENTO-CULTRIX LTDA.
Rua Dr. Mário Vicente, 368 — 04270-000 — São Paulo, SP
Fone: 2066-9000 — Fax: 2066-9008
E-mail: pensamento@cultrix.com.br
http://www.pensamento-cultrix.com.br
que se reserva a propriedade literária desta tradução.

Sobre a autora

CONCETTA BERTOLDI comunica-se com o "Outro Lado" desde criança. Ela é uma médium em tempo integral e consultora regular dos membros da família real britânica, de celebridades norte-americanas, políticos e outros. As suas consultas têm uma fila de espera de dois anos. Ela mora em New Jersey, Estados Unidos, com o marido.

Este livro é dedicado aos meus melhores mensageiros: meu pai, Manny Ferrell, e meu irmão, Harold Ferrell.

INTRODUÇÃO

Eu sei que você tem muitas perguntas — afinal de contas, foi esse o motivo que o levou a ler este livro, não foi? Mas antes de respondê-las, achei que talvez fosse bom que você soubesse com quem está falando, por isso gostaria de lhe contar um pouco a meu respeito.

Em primeiro lugar, vamos esclarecer algumas coisinhas. Eu me considero uma pessoa espiritualista. Mas isso não significa que eu seja perfeita. Tenho muitas imperfeições. Quando estou batendo papo com amigos, posso mentir como um pescador, gosto de uma piada suja e, para dizer a verdade, não me dou bem com a minha sogra. De fato, desde o momento em que conheci o filho dela, ela tem sido uma pedra no meu sapato. Não para de pegar no meu pé. Mas acho melhor não falar sobre isso. Sem contar as falhas humanas que todo mundo tem, acho que sou uma pessoa de fácil convívio. Sou apenas uma moça do interior que fala com os mortos.

Sou uma pessoa muito sincera, mas nem sempre me abri com relação a esse último detalhe. Hoje eu o aceito, já sei mais sobre o assunto, mas principalmente na juventude era a última coisa que eu gostaria que soubessem sobre mim. Não faz muito tempo que falei sobre isso em público — só uns dez anos, e precisei de muito incentivo (contarei mais sobre isso posteriormente) —, mas agora que percebo o quanto é importante, estou mais disposta a falar a respeito dessa capacidade e das coisas incríveis que aprendi com ela.

Assim que tomei a decisão de tornar público o meu talento, as perguntas vieram com força total. Elas são sérias, tolas, tristes, maliciosas. Eu as respondo sinceramente, pacientemente... e *repetidamente*. Este livro é uma tentativa de responder a todas essas perguntas que as pessoas me têm feito há anos, e finalmente colocar um ponto final naquela que mais me fazem: quando você vai escrever um livro?

No passado, eu respondia como qualquer garota gravemente dislexa e que não sabe digitar — eu mudava de assunto. Mas depois de um tempo percebi que seria mais fácil simplesmente escrever o bendito livro do que responder à bendita pergunta.

Nestas páginas, vou ser o mais franca e direta possível. Vou tentar manter a objetividade e falar o mínimo sobre o problema que tenho com a minha sogra. Mas você precisa saber que de vez em quando ele poderá vir à baila. Às vezes, até a pedra no nosso sapato pode ser uma boa professora — mesmo que seja para ensinar que você não pode agradar a todos! Espero que eu possa trazer algum esclarecimento sobre o que acontece com todos nós quando passamos do reino dos vivos para o Outro Lado. Espero que algumas destas linhas lhe tragam conforto. E se eu fizer alguém dar um sorriso, melhor ainda!

Qual é a diferença entre um médium e um paranormal?

O médium é paranormal, mas o paranormal não é necessariamente um médium. A pessoa que é simplesmente paranormal pode fazer uma previsão, mas não sabe dizer de onde ou de quem ela veio. Eu (e outros médiuns de verdade) não só posso dizer o que está acontecendo ou vai acontecer, como também posso dizer quem, do Outro Lado, está transmitindo essa mensagem. Eu sou o pacote completo, *baby*!

Quando você começou a falar com os espíritos?

Não posso dizer exatamente, mas com certeza foi quando era uma garotinha. Não foi de fato uma conversa, só a sensação de *saber* alguma coisa. Eu sabia muito pouco naquela época, não tinha ninguém que me explicasse o que era aquela sensação de "saber". Uma das minhas lembranças mais remotas é de um dia em que eu estava casa, tinha uns 9 anos (essa não foi a primeira vez, mas a de que me lembro mais), quando "percebi" que o meu irmão mais velho não ficaria muito tempo entre nós. Eu estava andando no quintal quando "ouvi" alguém do Outro Lado (na época eu não sabia quem estava se comunicando comigo) me dizendo isso. Não me recordo das palavras exatas. Nem tenho certeza de que foi uma sentença completa. No entanto, eu sabia o que significava e me lembro disso como se fosse hoje.

Recebi outras mensagens como essa em outras ocasiões. Ouvi, por exemplo, que eu nunca teria filhos nesta vida. Também já sei que, numa vida passada, fui casada com o meu pai desta vida — uma das razões, tenho certeza, da adoração que sinto por ele. O efeito dessas mensagens sobre mim foi me ajudar a ficar mais centrada. Mesmo que eu não gostasse do que ouvia, mesmo que, como qualquer pessoa, eu resistisse à ideia de perder o meu irmão ou a decisão de quem quer que fosse de que eu não teria filhos, o fato é que saber dessas coisas previamente acabou me ajudando a ter uma visão mais ampla da situação.

Quando você contou pela primeira vez sobre as coisas que "sabia"?

Acho que eu nem sequer cogitava falar dessas coisas. Creio que, quando você é criança, não sabe realmente o que é normal saber ou não. Mas eu me lembro da ocasião em que a minha mãe disse pela primeira vez que havia percebido algo de especial em mim. Eu era apenas uma criancinha brincando no quintal de casa. A minha mãe conta que um dia eu entrei na cozinha dizendo que a perna do meu tio Jerry estava toda ensanguentada. Ela ficou horrorizada ao me ouvir dizendo uma coisa daquelas e disse para eu voltar a brincar lá fora. Um pouco mais tarde, o telefone da cozinha tocou e a minha mãe recebeu a notícia de que o seu irmão Jerry tinha sofrido um acidente de moto e teria que amputar a perna. Felizmente, os médicos conseguiram salvar a perna dele, mas a minha mãe nunca mais foi a mesma! Ela não sabia o que fazer com o que eu dissera e na época ficou realmente apavorada.

Quando o meu pai chegou em casa do trabalho, aquela noite, ela lhe contou a história toda. Como a minha mãe diz, ele simplesmente se sentou com um olhar inexpressivo e finalmente disse, "Bem, parece que papai estava certo. Ele disse que ela tinha o dom".

O meu avô tinha sido um médium talentoso. Ele faleceu quando eu era muito pequena, por isso não me lembro dele quando vivia deste lado. Mas estamos em contato agora e passei a conhecê-lo quando ele já estava do Outro Lado. Talvez agora seja uma boa hora para dizer que, embora o meu avô tenha afirmado que eu tinha o "dom", eu não me sinto muito à vontade com esse termo. Nunca me refiro assim a ele. Para mim, parece uma pretensão dizer *meu dom*. Penso mais nele como uma capacidade, assim como todos nós temos capacidades diferentes. Contudo, mais adiante neste livro, eu posso usar o termo "dom" porque ele é mais curto e eu costumo falar rápido.

Por que a mediunidade parece correr no sangue das famílias?

Eu acredito que a mediunidade seja como qualquer outro talento que parece correr no sangue, como desenhar ou pintar, ter ouvido para música ou pendor para cantar ou tocar um instrumento. Nós na verdade não questionamos isso, é quase esperado: "Bem, é claro que ela sabe cantar — a mãe dela é professora de música!" Ninguém acharia estranho se Picasso tivesse um filho pintor. Mas, como qualquer outro talento, existe a opção de se investir nele ou não. Digamos que todos na sua família sejam professores — eles têm simplesmente facilidade para comunicar ideias, e talvez você também tenha essa facilidade. Mas você não consegue se ver numa sala de aula o dia todo, a vida inteira. Prefere usar o seu talento com outra coisa. Ou talvez decida que isso não é o mais importante para você agora; existem outras coisas que prefere fazer. Você ainda tem o talento, mas não é por isso que precisa usá-lo. Todos nós temos livre-arbítrio.

Neste momento, a filhinha do meu irmão Bobby e da minha cunhada Choi, a minha sobrinha Bobbie Concetta — ela tem 6 anos e é realmente um docinho! — tem a capacidade que eu tenho e que o meu avô tinha. Ela fala sobre pessoas que estão do Outro Lado e já descreveu muitas coisas sobre as suas vidas passadas. Uma vez, quando ela e a mãe estavam numa igreja, ela apontou para uma estátua de uma mulher com feições claramente caucasianas e disse, "A minha última mamãe era parecida com ela". Por ser minha cunhada, Choi sabe tudo sobre esse tipo de coisa e não demonstrou medo, talvez apenas curiosidade. Portanto, existe uma grande possibilidade de que, com esse tipo de apoio, Bobbie Concetta continue a ter essa capacidade que apresenta agora. Bobbie Concetta anda fazendo previsões para os seus amiguinhos? Não. E talvez nunca venha a fazer o que eu faço. Isso depende dela. Terá que decidir por si mesma.

Como a mediunidade afetou o seu crescimento?

Eu não me lembro de sentir coisas diferentes das outras crianças da vizinhança. Tinha basicamente os mesmos interesses que as outras meninas da minha idade — coisas normais como dançar e namorar, provas e notas (e geralmente notas não *muito* altas); uma vez ou outra uma professora que não ia muito com a minha cara, normalmente porque eu conversava muito na classe. (Além disso, como sou surda de um ouvido, às vezes não percebia o quanto falava alto e era chamada de Boca de Microfone pela secretária do diretor, o que realmente feria os meus sentimentos). Mas eu me lembro de saber coisas que não conseguia explicar. Por exemplo, a vida toda fui capaz de escolher amizades duradouras. Eu achava apenas que tinha sorte no que se referia a amigos, mas de algum modo eu sabia que uma garotinha da minha classe, Cornelia, que todos chamavam de Mushy*, seria a minha melhor amiga durante toda a vida. Éramos totalmente diferentes — Mushy era bonita e inteligente, eu era a palhaça da classe. Nem sequer *gostávamos* uma da outra. Mas o Outro Lado me disse que seríamos amigas, e Mushy e eu somos amigas desde os tempos de escola até os dias de hoje.

O Outro Lado também influenciava o modo como eu tratava as outras pessoas e me ajuda a confiar mais em mim mesma. Eu nunca fui uma pessoa muito inteligente. Eu tinha dislexia e por isso sempre tive dificuldade com números. Quando era criança, a dislexia não costumava ser diagnosticada, por isso os meus professores achavam que eu não me esforçava o bastante ou simplesmente não era boa em matemática; e eu acabava me achando burra. Ao mesmo tempo, eu recebia dos espíritos mensagens que eram muito animadoras e me ajudavam a me sentir melhor comigo mesma. Essas mensagens também me estimulavam a fazer a coisa certa com relação às outras pessoas, não caçoar nem atormentar os mais fracos e defender as vítimas de injustiça. Eu não estou me vangloriando de fazer tudo isso, só explicando como o Outro Lado, com a ajuda dos meus pais, me ensinou que era ruim ferir os sentimentos dos outros e a diferença entre o certo e o errado.

O fato de ser médium muitas vezes me deixou em maus lençóis. Alguns professores me achavam intrometida, porque eu sabia coisas que não deveria saber — sabia até coisas que não entendia! Lembro-me de que, aos 11 ou 12 anos, tive visões de alguns professores — só algumas cenas breves que me revelaram algumas coisas sobre eles. Num desses casos, havia um professor que deixava os alunos fumarem sem denunciá-

---

* Manteiga Derretida.

los, para que o considerassem um cara legal, mas eu sabia, por causa das imagens que vi, que ele não era nada daquilo, por isso procurava evitá-lo; e ouvi dizer até que ele já se envolvera com pelo menos uma aluna. Em outro caso, vi imagens de duas professoras minhas — minha professora de ginástica e de economia doméstica: vi as duas juntas, deitadas numa cama. Eu era bem jovem, não tinha ideia do que fosse lesbianismo, e não sabia nada sobre nenhum tipo de sexo — eu era tão ingênua! Essa imagem não ficou registrada na minha mente como algo "secreto", mas talvez como duas boas amigas dormindo fora de casa. Inocentemente, disse a uma das minhas amigas que eu sabia que essas duas professoras dormiam juntas — eu nem mesmo sabia o que isso significava. A professora que estava na minha classe disse, "Concetta, você poderia vir aqui e contar a toda a classe o que está dizendo?" Eu não queria, mas a menina a quem eu havia contado a história não se importou nem um pouco em se levantar e repetir o que eu havia dito. O que aconteceu em seguida você já sabe, fui mandada para casa sem nem mesmo saber em que encrenca me metera. A minha mãe veio me buscar e disse, "Quer ir tomar sorvete?" Isso não era o que eu esperava! Quando os meus amigos estavam em apuros na escola, eles sempre ficavam preocupados com a reação dos pais, e eu também tentava pensar numa maneira de contar a história para a minha mãe. Como eu poderia explicar a ela se nem eu mesma entendera? Mas eu tive sorte. Nunca tive de explicar nada a ela; de algum modo ela sempre parecia simplesmente saber.

Não quero sugerir com isso que eu sempre fosse inocente. Muito pelo contrário. Eu adorava confrontar as autoridades. Com o tempo fui ficando mais esperta e passei a usar a minha capacidade com mais cuidado — eu podia usá-la a meu favor, com os professores, e não era pega. Mas durante todo esse tempo eu estava simplesmente brincando com a minha capacidade, e realmente não tinha ideia de como eu sabia o que sabia. Tudo isso mudou quando eu fiz 16 anos.

Uma noite eu acordei ouvindo vozes falando comigo. Sentia o aroma de flores e podia ouvir vozes ao meu redor. Sentei-me na cama, olhei em volta, tentando ver algo no quarto que explicasse de onde vinham aquelas vozes. A minha mente queria encontrar um sentido para tudo aquilo. Embora não me sentisse em perigo, eu fiquei com medo.

As vozes me diziam que eu deveria compartilhar a minha capacidade especial, que eu tinha escolhido essa capacidade para aprender mais lições, mas o mais importante era que eu estava aqui para ajudar outras pessoas a entender a morte. Eu não sabia o que fazer com essa informação na época. Não sabia nada a respeito e pensei que estava perdendo a sanidade. Gritei para que alguém que eu conhecesse viesse em meu auxílio e o meu pai veio correndo, com a minha mãe atrás dele.

No momento em que ele acendeu a luz, os espíritos se foram. Eu tive que me esforçar para poder contar ao meu pai sobre o que acontecera. Implorei para que me ouvissem e insisti em dizer que não tinha sido um sonho. Para a minha surpresa, eles se entreolharam e deixaram que eu fosse dormir no quarto deles. Todos nos sentamos na cama e o meu pai disse, "Nós sabemos". Foi uma longa história e uma longa noite.

Como os seus pais a ajudaram a lidar com essa capacidade?

Naquele momento, os meus pais discutiram a situação e resolveram não dizer nada até que eu tivesse idade suficiente para entender. A minha mãe se preocupava muito comigo, pois tinha crescido num orfanato e sabia muito bem que ser *diferente* poderia significar "ser castigada".

O meu pai já passara por essa experiência, porque o pai dele tinha a mesma capacidade e tinha ajudado muitas pessoas do bairro, levando conforto e ajudando-as a entender a morte. Ele não ficou assustado, por isso logo me ajudou. Conversou comigo e fez com que tudo parecesse *normal*, mesmo sendo, de algum modo, especial. A minha mãe ficou um pouco apavorada a princípio, mas confiou no meu pai e logo acatou a opinião dele. E ambos sempre me deram a certeza de que eu era amada e estava segura. Nunca me trataram como se eu fosse esquisita.

Você começou a fazer leituras mediúnicas logo que começou a compreender o seu dom?

De forma alguma. Eu tinha 16 anos e queria ser normal, como todo mundo. Na época eu tinha certeza de que não queria esse dom. O meu pai me dissera que, se eu não quisesse ouvi-Los, tudo o que eu tinha que fazer era visualizar-me cercada pela luz branca de Deus e simplesmente dizer, "Em nome de Deus, vá embora!" Eu não conseguia acreditar que fosse tão fácil, mas foi. As vozes se foram. Completamente. Durante quatro anos.

Depois que os espíritos me deixaram, passado algum tempo, cheguei a pensar que eu poderia ter imaginado as coisas que vivi. As minhas experiências começaram a parecer irreais para mim, e cheguei a um ponto em que eu simplesmente queria saber a verdade.

A princípio, eu não queria conversar a respeito. Mas logo fiquei curiosa e comecei a consultar outros paranormais para ver se podiam explicar o que estava acontecendo comigo. Visitei muitos deles, porque nunca acreditava no que me diziam (e definitivamente alguns deles eram o que eu chamo de "médiuns de calçada", completos charlatões, só interessados em ganhar dinheiro). Às vezes eu ficava me perguntando se tinha imaginado tudo aquilo, se de algum modo eu tinha ficado doente, se havia alguma coisa errada com a minha cabeça ou se o que eu vivera tinha de fato acontecido. Ao longo dos oito anos seguintes, vivi em busca de uma explicação. Conversei com o meu pai e ele explicou que uma das minhas lições era sobre escolhas e consequências. Eu não tinha que aceitar esse dom, mas essa escolha traria consequências; e o mesmo aconteceria se eu o aceitasse. Nessa época, eu estava flertando com a ideia de desistir. Foi só aos 24 anos, quando conheci um homem chamado Alfonse Demino por meio de um colega de trabalho, que recebi o estímulo de que precisava.

O próprio encontro com Al foi estranho, porque o convite partiu de uma colega de trabalho que eu nem mesmo conhecia direito. Ela disse que amigos dos pais dela me conheciam e queriam me ver; então ela me convidou para ir à casa dos pais. Eu achei muito esquisito, mas não tinha nenhuma razão para não ir, por isso perguntei à minha amiga Terry se ela não gostaria de me acompanhar. Como Terry não tinha carro, iríamos com o meu. Porém, no dia marcado, bateram no meu carro estacionado e a lateral amassou, prendendo o pneu. Na semana seguinte, a lateral do carro já estava consertada, mas quando fui pegá-lo, a *outra lateral* tinha sido amassada por uma máquina de remover neve! Por fim, na terceira semana estávamos a caminho. Eu sabia exatamente aonde íamos, mas de algum modo eu e Terry nos perdemos e demorei duas horas para chegar à casa da minha colega. Quando cheguei, Al e a esposa estavam de saída. Eu pedi mil desculpas e Al disse, "Não se preocupe. Eu entendo. Alguém não quer que nos encontremos. Precisamos ir agora, porque temos um longo trajeto até em casa, mas volte na semana que vem".

Depois de quatro tentativas, finalmente nos encontramos, na semana seguinte. Era como se Al e a esposa fossem da minha família. Tivemos uma noite adorável, com bolo e café, antes de Al se virar para mim e dizer, "Concetta, Eles me falaram sobre você. Disseram que você recusou o seu dom e querem que eu a

– 21 –

ajude a entender". Dizer que eu fiquei pasma seria dizer muito pouco. Eu nunca dissera nada sobre a minha mediunidade no trabalho. Al me disse que eu não tinha nada a temer, porque estava protegida (mesmo quando o meu carro tinha sido amassado, eu não estava dentro dele). Eu sempre estaria no controle de tudo. Só precisava confiar Neles e Eles me ajudariam. No entanto, primeiro teríamos de no livrar de quem quer que estivesse tentando impedir o meu encontro com Al. Ele pediu à nossa anfitriã para acender uma vela. Ela foi até uma cômoda e finalmente voltou com uma vela pequena, de uns cinco centímetros de comprimento — não sei nem para que ela guardava uma vela tão pequena. Al pediu que nos sentássemos em círculo e déssemos as mãos, enquanto ele acendia a vela. Quando fitamos a chama, ela se estendeu por meio metro, como uma tocha, e depois voltou ao mesmo tamanho de antes; depois se estendeu de novo e voltou a baixar. Nunca vi a chama de uma vela se comportar daquele jeito, nem antes nem depois dessa ocasião. Fiquei satisfeita que Terry estivesse ali, testemunhando tudo junto comigo. Depois que terminamos, Al disse que, fosse qual fosse o espírito que tinha causado o transtorno, ele não voltaria a fazer isso.

Comecei a visitar Al regularmente. Ele me disse coisas sobre como conviver com esse tipo de capacidade e sugeriu que eu lesse alguns livros. Também me disse que ele tinha estudado e trabalhado com alguém chamado Hans Byer (não estou bem certa se é assim que se escreve), que, segundo ele, era um médium famoso na Europa. Eu estava curiosa para saber quem era Byer e, posteriormente, quando ouvi falar de Edgar Cayce, achei que Byer provavelmente se equiparava a ele (mas o Google não existia naquela época). No entanto, para ser franca, eu estava mais curiosa para saber como Al soubera a *meu* respeito!

Numa das minhas visitas semanais, Al me disse que ele me visitaria no trabalho no dia seguinte. Eu sabia que ele morava longe, mas não questionei. No dia seguinte, eu estava sentada na minha escrivaninha, ocupada com uma pilha de papéis. Terry estava ao meu lado direito. Quando me virei para datilografar uma carta, senti uma brisa deliciosa no rosto. Eu estava sentada num cubículo pequeno e abafado, quase sem ar nenhum, que dirá uma brisa — mas havia inegavelmente uma brisa. Olhei para cima e tudo parecia em câmera lenta. Os olhos de Terry e os meus se encontraram e eu percebi que ela sentia a mesma coisa. Eu movi a cabeça e toquei o rosto com a mão. Senti a brisa, que então passou pelo meu corpo todo. Então ouvi claramente a voz de Al dizendo, "Eu disse que viria visitá-la". A coisa toda pareceu durar uns dez minutos, mas provavelmente não passou de uns dez segundos. Antes que eu pudesse dizer alguma coisa, Terry exclamou, "Não fale nada! Só anote num papel o que você acha que aconteceu". Ela e eu pegamos lápis e papel e anotamos as nossas experiências. Quando comparamos as anotações, tínhamos escrito quase a mesma coisa, palavra por palavra. Eu registrei o dia e a hora — quinta-feira, 2:20 da tarde — e não contei a ninguém o que acontecera. Na semana seguinte, quando me encontrei com Al, a primeira coisa que ele me disse foi, "Quinta-feira, 2:20 da tarde". Eu mostrei a ele o papel com as minhas anotações e, desse momento em diante, comecei a confiar no Outro Lado e em mim mesma.

Quando eu me encontrava com Al, começava a pensar, "Talvez eu tenha desistido de algo que pudesse me beneficiar". Era um pensamento egoísta, do tipo, talvez essa capacidade me ajudasse a conseguir um emprego melhor ou a encontrar o meu verdadeiro amor. Eu não tinha ideia de que ela pudesse ser muito mais, como um tipo de vocação ou trabalho para a vida inteira.

Quando pedi que a capacidade voltasse, isso não aconteceu de imediato. Comecei a fazer um curso de meditação e pedi a ajuda Deles. Pedi a proteção de Deus e realmente coloquei tudo nas mãos dele. Aos poucos, comecei a ter provas da presença Deles ao meu redor. Eles me pregavam peças — eu apagava as luzes e Eles voltavam a acendê-las. Eu ia ao banheiro e Eles abriam a torneira com toda a força. As vozes acabaram voltando também.

Como você "se revelou" como médium?

Por um tempo eu ainda quis manter tudo isso em segredo. Sempre hesitava em contar às pessoas sobre a minha capacidade, quase sempre por causa das reações negativas das que não acreditavam nela. Existem, até mesmo hoje, muitos mal-entendidos com relação ao que eu faço, e eu não queria sujeitar a minha família ou eu mesma a nenhum tipo de ataque — verbal ou de outro tipo. Por isso, durante os primeiros quarenta anos da minha vida, mantive o máximo de discrição. Fui tão discreta que não contei nem ao meu marido!

Eu sei que parece estranho, e até um pouco antiético não revelar algo assim para a pessoa com quem você divide a sua vida. Mas, quando comecei a sair com John, logo percebi que ele não acreditava em Deus nem em nada "sobrenatural". John é o tipo de homem extremamente pragmático, que tem os dois pés na realidade. Ele constrói casas, mexe com madeira, ferramentas e com coisas — literalmente — concretas. Acredita naquilo que pode tocar ou segurar com as mãos. "Fantasmas" não se encaixam nessa categoria. Eu não fazia ideia, na época, da dimensão que a mediunidade tomaria na minha vida. Eu pensava nela como sendo apenas uma partezinha do que eu era, e por isso decidi não dizer nada sobre o assunto. É irônico, de fato, porque foram *Eles* que me disseram que John era o "homem certo" para mim, por isso eu não quis que John soubesse sobre *Eles*, pois não queria estragar tudo! Admita, era uma situação bem delicada. Quando nos casamos, eu já não me dava muito bem com a família dele. A última coisa de que eu precisava era trazer à baila o assunto durante um jantar de Ação de Graças, talvez dizendo à minha sogra que a sogra *dela* estava mandando mensagens do além-túmulo. *Isso estava fora de questão.* Mantive a boca fechada.

O problema é que, no bairro onde eu morava quando solteira, em Montville, New Jersey, todo mundo sabia da minha mediunidade. Por isso, sempre que um ente querido morria, eu recebia uma ligação, "Concetta, você poderia vir aqui em casa e nos dizer se ele (ou ela) chegou bem do lado de lá? Queremos ter certeza de que está tudo bem". Ou, numa das nossas reuniões em família, as minhas primas sussurravam no meu ouvido que alguém queria uma consulta. E, sem dizer nada a John, eu simplesmente ia. Para ser franca, nos primeiros tempos do nosso casamento, as coisas eram bem complicadas, principalmente por causa da tensão familiar. Mas estávamos tentando viver bem e tínhamos concordado em continuar o aconselhamento — a nossa conselheira matrimonial era uma ex-freira. Por isso, numa das nossas sessões, John disse, "Ela está sempre cochichando com as pessoas, sempre com segredinhos". A terapeuta perguntou, "Concetta, sobre o que você cochicha?" Eu disse, "Nada". Eu não sabia o que dizer, embora estivesse muito claro para mim que John pensava que os cochichos eram a respeito de outro homem, que eu estava tendo um caso. Por pior que isso pareça, na época eu tinha a impressão de que seria até pior se eu lhe contasse que falava com espíritos.

Mas além da nossa terapia de casal, nós também tínhamos sessões individuais com a terapeuta, e ela não deixou que isso passasse despercebido. Logo que teve oportunidade de conversar comigo a sós, perguntou-me novamente sobre o que eu cochichava, e eu lhe contei a verdade. Ela perguntou, "Você vê alguém perto de mim?" Eu disse sim, e então ela me pediu para contar o que eu via e ouvia. Quando eu fiz isso, ela pareceu muito espantada. Na sessão seguinte da nossa terapia de casal, ela disse, "John, Concetta tem algo a lhe dizer". Ela disse, "Nas minhas leituras e pesquisas, tenho aprendido que essas coisas são possíveis, e Concetta me convenceu definitivamente de que isso é real". Então eu tive que jogar limpo.

Mesmo que a princípio a sensação fosse outra, foi muito melhor me abrir do que deixar o meu marido pensando que eu tinha um caso. Mesmo assim, não pensei em fazer desse dom um meio de ganhar a vida.

Como o seu marido reagiu ao saber que você falava com espíritos?

Realmente não foi fácil para John. Quando se casou comigo, ele não tinha ideia de que isso fazia parte do pacote — não havia essa cláusula no contrato nupcial. E ele realmente não entendia nada sobre o assunto. No mundo de John, os mortos pertenciam à mesma categoria que os elfos. Eu me lembro de que, quando lhe falei a respeito pela primeira vez, na nossa terapia, ele disse, "Ora, mas que ótimo! Agora, além de me preocupar com *você*, tenho que me preocupar com *seres do outro mundo*?" Depois que ele caiu em si, acho que se sentiu bem incomodado. Não sabia muito bem aonde tudo aquilo ia dar ou o que significaria na nossa vida ou no nosso casamento. Eu tenho que dar a John os parabéns. Aquilo era totalmente contrário à sua visão de mundo, mas ele nunca tentou me impedir de seguir em frente nem fez nenhuma exigência.

Se tivesse que viver tudo outra vez, eu certamente seria mais aberta. Mas perceba que hoje o mundo é diferente. Aquela época não parecia os anos 1980, parecia a Idade Média! Não havia programas de TV sobre médiuns e paranormais, e certamente nenhum que fosse tão favorável! Ainda bem que aqueles que nascem hoje com esse dom não sofrerão tanto para dizer ao noivo, "Querido... essa capacidade que eu tenho vai um pouquinho mais além de uma simples intuição". E você nunca sabe, ele também pode ter os seus próprios segredos ou superpoderes para revelar!

Aconteceu alguma coisa que a levou a trazer a público a sua mediunidade?

O que finalmente me fez trazer a público a minha mediunidade foi a morte do meu irmão Harold, em 1991. A morte de Harold foi a primeira vez em que perdi alguém que conhecia e amava profundamente. Antes disso, eu realmente não podia entender o que levava as pessoas a me pedir para descrever o seu ente querido do Outro Lado e receber uma mensagem ou duas — a maior parte delas incrivelmente mundana e aparentemente sem importância. Por fim eu entendi. Fiquei arrasada ao perder Harold. Ele tinha 38 anos quando faleceu. Lutou contra a Aids durante seis anos e, no final dessa luta, pesava em torno de quarenta quilos, apesar dos seus um metro e oitenta de altura e ossatura larga. Ele parecia extremamente cansado e doente e todos nós sabíamos que tinha chegado a sua hora de partir. Ele não podia mais ficar neste mundo. Eu já sabia que Harold morreria cedo e que ele seria mais feliz do Outro Lado, mas isso não tornou mais fácil vê-lo partir. Eu sabia que era egoísmo — e sabia que continuaria em contato com ele —, mas ainda assim queria que ficasse comigo. Pela primeira vez entendi a dor que associamos à morte deste lado. Eu tinha falado com os espíritos durante toda a minha vida, mas antes Eles eram apenas espíritos que eu não conhecia, e para ser honesta, às vezes eu os considerava apenas um aborrecimento! Nem sempre queria ouvir as suas vozes, mas agora havia uma voz em particular que eu queria desesperadamente ouvir. Mas não ouvia.

Durante meses, esperei ouvir a voz de Harold e me senti angustiada e confusa, sem entender por que ele não vinha falar comigo. Mas, numa noite fria de dezembro, eu estava dormindo no quarto de hóspede — John estava gripado e eu *não* queria me contaminar —, quando de repente a cama começou a chacoalhar. A princípio pensei que fosse um terremoto — o que não é muito comum em New Jersey, mas eu estava meio adormecida —, então notei que mais nada no quarto se mexia. Fiquei apavorada! Até ouvir a risada do meu irmão. "Ei, Con", ele chamou, "Sou eu!" Ele ainda estava rindo (se achava *muito* engraçado) e eu gritei, "Harold!? Seu besta! Onde esteve?" Ele não me respondeu aquela noite nem ficou por muito tempo, mas depois dessa ocasião começou a vir com mais frequência e sempre me dizia, "Vamos, Con, *conte* a eles. Conte ao mundo o que você ouve. Precisamos que faça isso. E Eles precisam de você deste lado também". Eu ainda estava preocupada com o que poderia acontecer, mas não poderia dizer não ao meu irmão. Disse a ele que não poderia fazer nenhuma promessa acerca do que faria, mas disse, "Tudo bem, mano, vou tentar".

Durante uns cinco anos eu "titubiei", mas Harold continuou me incentivando e sugerindo ostensivamente que eu deveria me mudar para o campo, o que me pareceu uma excelente ideia. No fundo, eu sou uma garota do campo. Cresci em Montville, que na época era repleta de celeiros e estradas de terra; havia até vacas pastando no terreno em frente à minha escola. O cheiro de estrume de vaca é aroma de rosas para mim! John e eu morávamos a 45 minutos de Montville (ou meia hora, quando sou eu quem dirige), em West Orange, uma cidade mais populosa. Todo mundo nas Oranges é urbano ou suburbano e eu me sentia um peixe fora d'água — existe a Orange, a East Orange, a West Orange e a South Orange — eu detesto todas elas! Além disso, John tinha parentes em todos os lugares e eu me sentia sufocada. Não podíamos nos mudar imediatamente, mas em 1996, quando as crianças se formaram no ensino médio (John tem uma filha e um filho do primeiro casamento e eu os considero meus filhos também), mudamo-nos para os bosques de Boonton, New Jersey. Eu pude finalmente respirar e quase imediatamente comecei a conseguir clientes.

Para minha surpresa e espanto, o sucesso aconteceu da noite para o dia. Quase instantaneamente consegui agendar consultas para vários meses. Depois aconteceu de James Van Praagh* estar fazendo um estudo para encontrar médiuns "de verdade". Ele tinha alguém na região incumbido de visitar vários deles e relatar quais eram legítimos. Esse homem fez uma leitura mediúnica comigo e suponho que tenha emitido um parecer favorável. Não demorou muito e James já estava me encaminhando clientes. Um deles foi o produtor de cinema Jon Cornick, de quem me tornei grande amiga. Jon passou o meu nome para Federico Castelluccio, do seriado de TV *Os Sopranos*. Ele fez uma consulta e na sequência os atores Edie Falco e Vincent Curatola também marcaram horários comigo. Quando começaram a vir celebridades de todos os cantos do mundo para marcar consultas comigo, tive de admitir que Harold estava certo.

Dez anos depois da morte do meu irmão, o meu pai, Manny, também faleceu. Não foi muito depois disso que eu fiz a minha primeira grande aparição em público. Estava supernervosa — embora eu seja bem teatral, nunca tinha visto um público tão grande se reunir só para *me* ver! A minha melhor amiga, Mushy, estava lá comigo servindo de mestre de cerimônia e, quando viu a minha expressão atônita ao me aproximar da plateia, sabia que ela estava pensando: "Ai, meu Deus!"

---

* Médium norte-americano escritor de vários livros *best-sellers*. (N.T.)

Comecei muito devagar, nervosa e tropeçando nas palavras. Mas, quando comecei a falar, de repente me senti cheia de energia. Foi como um velho LP começando a tocar na vitrola — arrastando-se a princípio, mas pegando ritmo e tocando normalmente. Só que em 78 rotações! Ou quase isso. Mas, se eu disser que logo me senti extremamente confortável sendo o centro das atenções, não seria exagero. Eu estava no meu elemento.

Mais tarde, voltando para casa no meu carro, Mushy me disse, "O seu pai está muito orgulhoso de você". Então ela olhou para mim e disse, "Eu não sei por que eu disse isso!" Mas eu sabia. O meu pai tinha ficado ao meu lado o tempo todo. Essa noite, quando me deitei na cama, o meu pai veio até mim e me disse em pessoa, "Estou muito orgulhoso de você". Ele se curvou e me beijou. Eu realmente senti a pressão dos lábios dele na minha pele. E aí tive certeza absoluta de que estava fazendo a coisa certa.

Quando conhece pessoas novas você sempre se apresenta como médium?

De maneira nenhuma. Sempre acho que, se disser que sou médium, elas vão dizer, "Não, meu bem, você é tamanho grande!"

Às vezes eu tenho *déjà vu* ou sinto como se previsse acontecimentos futuros. Isso significa que sou médium? Como posso saber se as minhas capacidades são ou não sobrenaturais?

Bem, isso varia de uma pessoa para outra, mas eu acho que seria fácil de reconhecer, uma questão de clareza de detalhes em vez de simplesmente impressões. Se você realmente ouve vozes, ou tem pensamentos bem articulados que parecem não ser seus, esse já é um bom indício. Ou se você tem visões ou vê espíritos. Todo mundo *é capaz* disso, mas para a maioria não se trata de uma ocorrência comum. Não estou certa de que exista um lugar, hoje em dia, onde você possa ir para testar essas capacidades. Trinta anos atrás, na década de 70, eu fui com um rapaz com quem estava saindo na Edgar Cayce Foundation (também conhecida como ARE — Association for Research and Enlightenment). Edgar Cayce era um fotógrafo que era paranormal e costumava entrar em transe e diagnosticar problemas de saúde nas pessoas e prescrever curas para elas, embora não tivesse nenhum conhecimento ou experiência na área médica quando estava no estado consciente de vigília. As suas curas realmente funcionavam e as pessoas começaram a registrá-las por escrito e transcrever as coisas que ele dizia quando estava em transe (ele era chamado de "o Profeta Adormecido"), e todas essas milhares de páginas de transcrições estão arquivadas na ARE, em Virginia Beach, na Virginia. No meu caso, o meu namorado conhecia alguém de lá, então nós fomos. Naquela época, podíamos fazer um rápido *tour* para conhecer o lugar e eles lhe aplicavam um pequeno teste PES (percepção extrasensorial), que fazia parte do passeio. Então nós fizemos esse teste, mas depois eu fui levada para os "bastidores", como se fosse para um teste de verdade. Para ser franca, faz tanto tempo que eu nem me lembro muito bem como eram esses testes todos. Eu só me lembro de que eles começavam com algo muito simples primeiro, suponho que para saber se estavam perdendo tempo ou não. Depois os testes ficavam mais complicados — identificar imagens de coisas que não estavam no mesmo cômodo e esse tipo de coisa. Para você ter uma ideia, digamos que estivéssemos sentados juntos na cozinha e ouvíssemos um carro entrando na garagem. Eu posso lhe dizer, "Quem você acha que está chegando?" Você está na minha casa, não na sua, e não tem ideia de quem está chegando, mas pode ter uma impressão psíquica de quem possa ser. Os testes são mais ou menos nessa linha. No final, os profissionais da ARE determinaram que as minhas capacidades eram reais e que eu poderia ser classificada como uma *clarissenciente*, uma vez que recebia mensagens de várias maneiras diferente — vendo imagens, ouvindo, sentindo, etc.

O que acontece conosco quando morremos?

As pessoas têm medos. Elas já ouviram falar sobre ir para a Luz e querem saber: sentimos dor quando vamos para a Luz? Perdemos a memória? Lá é como aqui?

O que ouvimos dos espíritos que vivem do Outro Lado é que, ao morrer, deixamos o corpo ou pelos pés ou pelo topo da cabeça. Deste lado, ouvimos falar do "cordão de prata", que supostamente nos prende à vida aqui, mas ninguém do lado de lá já mencionou isso para mim. É difícil descrever exatamente como fazemos essa transição — é um pouco como flutuar, um pouco como andar, um pouco como voar, é um "gravitar" na direção da Luz. Existe um sentimento de expectativa — talvez um pouco de medo, mas mais de expectativa.

Nada é esquecido. Na verdade, enquanto aqui nós nos lembramos apenas dos pontos mais marcantes do nosso passado, lá nos lembramos de todos os momentos que vivemos e de todos os detalhes. Tudo o que conhecemos, amamos ou vivemos.

Quando morremos, *segundos* depois de entrarmos na Luz, nós passamos pela experiência de "saber". Recapitulamos em alta velocidade a nossa vida e vemos todo o efeito dominó causado por todos os nossos atos. Sentimos tudo o que fizemos outras pessoas sentirem — a alegria, a dor. Vemos e entendemos as consequências de todas as nossas ações e de toda interação que tivemos com qualquer pessoa. E sabemos e entendemos qual era o propósito desta vida.

Existe um período de transição, um tempo que temos para refletir sobre a nossa vida — eu não sinto que isso ocorra em todos os casos, varia de pessoa para pessoa. Para muitos pode ser necessário um período para a cura de questões físicas e emocionais — especialmente para nos perdoarmos por qualquer coisa que tenhamos feito em vida e da qual não nos orgulhemos, algo que possa ter magoado outra pessoa —, antes de podermos interagir com este lado, com os vivos, outra vez. Todas as vezes recebemos ajuda para curar o que "deveríamos, teríamos ou poderíamos ter feito" na nossa vida aqui. Às vezes, sentimos tristeza ao pensar no que poderíamos ter feito de modo diferente. Somos encorajados a esquecer qualquer raiva ou culpa. Mas existe também o que pode ser visto como cura física — embora não seja física realmente, mas espiritual. Não sei dizer quantas vezes pessoas que estavam doentes quando morreram, talvez que tenham até perdido partes do corpo, disseram-me em espírito que estão completamente curadas e saudáveis; inteiras novamente. Alguém que possa ter tido uma grande dificuldade para andar ou até para ficar de pé no final da vida, me dirá que, do Outro Lado, está dançando.

A verdadeira beleza da Luz é que ela é total harmonia. Aqui, podemos passar a vida inteira na escuridão. Não sabemos o que estamos fazendo ou o efeito que causamos. Mas, quando chegamos lá, temos uma visão clara do que consiste *este* lado de cá.

O céu existe?

Existe, o Outro Lado é o céu. Eu não costumo usar esse termo. Gosto mais de dizer *paraíso* ou apenas *o Outro Lado*. Até voltarmos, é muito difícil para nós sequer imaginá-lo; é algo mais miraculoso do que qualquer coisa que possamos fazer, acreditar, realizar ou criar deste lado. Eu não acho que a mente humana tenha capacidade para apreender o que ele seja, embora, no recôndito mais profundo do nosso ser, nós de fato nos lembremos dele.

Quando fazemos a nossa transição, existe de fato um "Deus" nos esperando?

Existe, com certeza, um Deus, e nós realmente O encontramos. Mas não é como encontrar um rei ou o presidente. Deus não é uma entidade separada a quem somos apresentados e apertamos a mão, dizendo, "Que maravilha encontrar você! Ouvi falar muito a seu respeito!" Deus é *tudo* e, quando fazemos a transição, deixamos de ser uma parte de Deus e nos fundimos com Ele, por isso seria muito mais uma união com

Deus do que um encontro com Ele. Deus é pura energia de amor. A própria Luz na qual entramos quando fazemos a nossa transição é Deus. Como diz a antiga oração, Deus é o Poder e a Glória. Para o todo sempre, por toda a eternidade, pelo infinito. Não podemos nem sequer imaginar ou descrever tudo o que Ele é. Mas a nossa consciência mais profunda conhece Deus, e o milagre é que nós todos teremos chance de ir para casa e nos unir a Ele.

Ei, espere um pouco — você está dizendo com todas as letras que Deus é um ser masculino?

Não, Deus não é nem masculino nem feminino. Nem neutro. Obviamente que chamar Deus de Ele é só uma questão de conveniência, por causa das limitações da nossa língua. Muito embora os espíritos se apresentem a mim como pertencendo a um sexo ou outro, é só para que eu possa transmitir a mensagem para alguém deste lado de um modo que a pessoa o reconheça e compreenda. Quando fazemos a transição, deixamos de ter um sexo. Somos pura energia e unos com Deus. Deus é Tudo Isso. E muito mais.

Qual é a nossa aparência depois que morremos?

Não temos mais uma aparência física. Somos pura energia. Quando estou fazendo uma leitura mediúnica, os espíritos têm maneiras de me mostrar uma aparência que me permita descrevê-los para o seu ente querido deste lado, mas, para ser sincera, não sei como Eles fazem isso.

O que há para fazer do Outro Lado?

São tantas as dimensões que temos a chance de conhecer qualquer tipo de beleza que seja do nosso agrado. Tudo o que amamos existe ali — como o paraíso poderia ser de outra forma? Se gostamos de beisebol deste lado, podemos passar a maior parte do nosso tempo num grande campo de beisebol, observando ou jogando o nosso jogo favorito. Se gostamos de pescar, podemos optar por ficar num maravilhoso lago cristalino. Se gostamos das montanhas, podemos escalá-las pelo tempo que quisermos. Se gostamos de música, podemos ficar numa maravilhosa casa de concertos. Essas dimensões são todas criadas por Deus.

Uma vez, enquanto estava fazendo uma leitura mediúnica para uma mulher, eu disse, "O seu marido está com tal pessoa e eles estão jogando dama". Ela disse, "Não pode ser, eles sempre jogavam gamão juntos". Tudo bem, eu não sou perfeita — sempre digo isso —, mas o importante é saber que Eles continuam jogando do lado de lá o jogo de que gostavam deste lado. Já tive espíritos que me disseram que ainda gostam de jogar a sua partidinha toda semana!

Você pode explicar o que é experiência de quase-morte?

Na maioria dos casos, a experiência de quase-morte é desencadeada por algum acontecimento traumático, como um acidente ou uma doença grave, uma situação em que o corpo físico poderia ficar permanentemente inativo. Mas existem algumas pessoas, muito místicas ou desenvolvidas espiritualmente, que por meio da prática espiritual de meditação também podem passar por essa experiência, ou algo bem parecido, sem que o corpo seja prejudicado.

O que acontece é que a alma se eleva acima do corpo físico e passa por um túnel de luz, que normalmente seria a nossa "última saída da rodovia", por assim dizer, nossa passagem para o Outro Lado, onde ficamos até chegar a hora de reencarnar outra vez. A mesma coisa acontece no momento da morte: a pessoa é recepcionada por entes queridos que já faleceram, faz uma retrospectiva da sua vida, pode fazer algum tipo de excursão ou assistir a uma aula de um Mestre espiritual, da qual será solicitada a se lembrar. É tão lindo e pacífico lá que tenho ouvido falar muito em pessoas que não querem voltar para o corpo; nesse caso, alguém do Outro Lado lhes diz que ainda não chegou o momento de permanecerem do Outro Lado. Elas precisam voltar.

Deste lado, enquanto a alma está fora do corpo, se a pessoa está sob cuidados médicos, é muito comum que ela seja declarada morta — não haverá sinais vitais. Mas quando a alma volta a entrar no corpo, "Surpresa"!

A experiência de quase-morte é algo que acontece acidentalmente ou há uma razão para que certas pessoas sejam escolhidas para "quase morrer"?

Eu acho que passar por uma experiência de quase-morte é de fato um presente de Deus. A verdade é que estamos em constante contato com Ele. Sempre. Mas a nossa consciência disso é intermitente. A experiência de quase-morte intensifica essa consciência. Se a pessoa se desencaminhou nesta vida, essa experiência pode despertá-la para a necessidade de entrar nos eixos e tomar o rumo certo.

Às vezes, a experiência de quase-morte não acontece porque a pessoa tenha entrado por descaminhos. Talvez os Mestres do Outro Lado a veja como alguém com potencial para facilitar uma mudança necessária por aqui. Ela pode receber uma mensagem que sirva para o mundo todo ou uma missão a que poderá se dedicar pelo resto dos seus dias na Terra.

E o que dizer daqueles que estão em coma? Essas pessoas estão tentando fazer a transição? Elas podem ou de fato permanecem aqui por nossa causa?

A pessoa em coma está literalmente entre o Céu e a Terra. Em alguns casos, pode realmente ter chegado a hora de ela partir; em outros, ela pode se recuperar naturalmente. Eu acredito que, a princípio, quando a pessoa está em coma, ela fica num estado de sono profundo e não percebe que pode deixar o corpo. No entanto, se alguém fica em coma durante vários meses ou anos, não acho que essa pessoa esteja ali simplesmente dormindo. Acho que a sua alma pode e de fato deixa o corpo. Como ela faz isso, eu realmente não sei, mas deve ser algo parecido com a experiência da viagem astral. E também existem pessoas em coma que provavelmente estão passando por uma experiência de quase-morte.

Não existe uma resposta única para isso, o coma é uma experiência individual. Algumas dessas pessoas provavelmente anseiam pela morte, e de fato está na hora de partirem. Às vezes, nós as mantemos aqui por meio artificiais porque sabemos como manter um corpo vivo graças à nossa tecnologia. Eu, pessoalmente, não acredito em métodos de suporte à vida. Não acredito que tenhamos o direito de manter vivo alguém que não sobreviveria sem aparelhos. Esta é apenas a minha opinião; não significa que eu esteja certa, é simplesmente como eu me sinto com relação ao caso.

A principal razão, creio eu, para que as pessoas em coma não façam a passagem é simplesmente o medo. Elas podem ter medo da morte em si. Estão numa encruzilhada e provavelmente têm medo do desconhecido, não sabem se essa passagem significará que elas deixarão definitivamente de existir. Podem ter receio de que, partindo, farão sofrer aqueles que as amam. Precisam fazer uma escolha e têm medo de fazer a escolha *errada*, por isso ficam paralisadas. Eu não acho que a energia da nossa vontade de que fiquem seja responsável por segurá-las aqui. Acho que a energia dos *seus* próprios medos é que as impede de partir.

Você já fez uma leitura mediúnica em que fez contato com alguém que, tecnicamente, ainda estava vivo?

Não, não exatamente. Mas acho que você pode estar se referindo a alguém que esteja, como direi, nas portas da morte. Geralmente, em casos como esse, não estou ouvindo a pessoa, mas outros espíritos que já fizeram a transição. Eles podem estar me dizendo que essa pessoa logo estará com Eles, que estão prontos para recebê-la. Essa pessoa pode até estar vendo os espíritos da família dela, que a aguardam para recepcioná-la. Como alguém que está em coma, essa pessoa pode estar protelando a morte, sem saber direito se deve partir, ou talvez sentindo medo. Mas chegou a hora dela. Em nenhum caso eu estou falando *com* essa pessoa, estou apenas ouvindo informações *sobre* ela.

Quando chega a hora de partir, a pessoa pode decidir ficar?

Acredito que ela possa se recusar a ir. Mas duvido que possa resistir por muito tempo. Até o momento, não temos vida eterna na carne (e eu não creio, de qualquer maneira, que isso seja um prêmio a se conquistar, embora eu saiba que muitos o veem como uma meta). Eu acho que deve haver uma razão muito boa para alguém ser capaz de permanecer aqui passada a sua hora de partir. Por tudo o que já ouvi, acredito que, quando somos chamados, não há mais nada que queiramos tanto quanto partir. É verdade que podemos protelar esse momento se acharmos que alguém aqui pode sofrer com a nossa partida, mas quase sempre queremos ir. Não sei dizer quantas vezes já ouvi nas consultas que ouvir um ente querido dizendo, "Tudo bem, você pode partir" faz toda diferença. Eles ficam muito gratos por isso.

Como é decidido quem nos recepcionará do Outro Lado?

Não posso dar uma resposta definitiva neste caso, como uma fórmula, mas acho que somos recepcionados por aqueles que amamos e perdemos, e também por Mestres espirituais (como se fossem assistentes sociais) que participaram da nossa vida enquanto estávamos na Terra. É sempre um grupo de almas que nos leva para casa. Se, por exemplo, uma pessoa ouve numa consulta que o marido virá buscá-la quando ela partir, o espírito dele estará lá, mas ele não estará sozinho. Estará com muitos outros. Podemos achar que só "teremos olhos" para essa alma, em particular, quando fizermos a transição; contudo, o que acontece é que, logo que entramos na Luz e somos recepcionados por aqueles que conhecemos, começamos a reconhecer todas as outras almas que a acompanham. Reconhecemos até mesmo aquelas que não conhecíamos nesta vida, na Terra, mas sim de outras vidas.

Os espíritos sabem coisas sobre o nosso passado que não poderiam saber enquanto estavam vivos?

Eles sabem tudo. São como Deus. Quando fazem a passagem, Eles se tornam oniscientes, totais sabedores — conhecem todos os nossos pensamentos e impulsos. Mesmo coisas que não entendiam antes, passam a ver claramente. A razão por que tudo aconteceu da maneira como aconteceu lhes é revelada.

Depois que fazemos a transição, compreendemos tudo, como, por exemplo, o motivo que levava o nosso cônjuge a ter determinado comportamento, a missão que tínhamos, qual a relação dessa missão com as outras pessoas, tudo o que estava por trás do que antes não parecia fazer sentido. Qualquer esqueleto no armário da nossa família que pudesse ter sido ocultado de nós, passaremos a conhecer. Eu me lembro de uma leitura mediúnica que fiz para uma mulher em que o filho dela fez contato. Não me lembro bem das circunstâncias, mas sei que ele tinha feito a passagem antes dela. Ele disse à mãe que sabia que a pessoa que ele sempre conhecera como tio era na verdade o pai dele. Mas ele não estava acusando a mãe. Disse que entendia por que ela nunca dissera nada a respeito, por que tinha mantido segredo, o que a família faria se isso fosse descoberto.

Os espíritos julgam os vivos?

Eles não julgam ninguém — somos nós que fazemos julgamentos, muito embora não estejamos aqui para julgar. Do Outro Lado, só existe lugar para o total amor, perdão e alegria. Não há lugar para julgamento.

Qual o papel da religião do Outro Lado?

Depois que fazemos a passagem, não existem religiões. Você não chega do Outro Lado e vê dezoito guichês e alguém que lhe diga, "Muçulmanos à esquerda, judeus à direita, católicos em frente, segunda porta à direita". Somos todos iguais quando vamos para o Outro Lado. Somos todos um. Não existem vários céus diferentes para ir. Trata-se do mesmo lugar. O que você acha? Se eu estou fazendo uma leitura mediúnica para uma senhora judia, preciso de uma telefonista? "Só um instante, senhora, enquanto eu a passo para o céu dos judeus". Nada disso. Trata-se do mesmo lugar para você, para mim, para as pessoas de todas as raças, credos e religiões.

Deus criou essas religiões — e, na verdade, *todas* as nossas diferenças —, pois Ele queria que nos amássemos *apesar* das nossas diferenças. E não foi isso o que aconteceu até agora. Estou certa de que Deus lamenta muito isso. Há um comercial de TV que me agrada muito. Acho que é da Igreja de Jesus Cristo dos Santos dos Últimos Dias, os mórmons. A cena se passa dentro de uma igreja e primeiro você vê um casal de homossexuais no banco da igreja e, na parte inferior da tela, você vê um botão e uma grande mão, que aperta o botão e faz com que o casal voe pelos ares, para fora da igreja. Então você vê uma velha mendiga entrar e se sentar no banco da igreja. A mão novamente aperta o botão e ela voa para fora. Então você vê um casal de raças diferentes entrar com um bebezinho nos braços e mais uma vez a mão aperta o botão ejetor e a família toda voa pelos ares. E então vem a mensagem: Deus não rejeita ninguém. *Essa* é a verdade. Deus não rejeita *ninguém*. Eu gosto desse anúncio porque me faz sentir que o mundo está finalmente despertando, começando a mudar, tornando-se mais tolerante. Eu me importo se houver pessoas de todas as raças, classes sociais ou orientações sexuais nos lugares que frequento? Isso me incomoda? A única pessoa que se importaria com isso seria alguém da Ku Klux Klan, e esse tipo de pessoa definitivamente *não* é bem-vinda na minha casa!

Prestamos culto a Deus do Outro lado?

Não. Não prestamos culto a Deus. Mas amamos Deus, assim como *somos* Deus. Quando estamos aqui, somos limitados, somos apenas uma peça de Deus. Mas do lado de lá, estamos unidos como um único "corpo de Deus" ilimitado, por falta de termo melhor.

Todos vão para a Luz?

Não. Assassinos não são convidados para a festa. O mal também não entra na Luz. Hitler, Charles Manson, Ted Bundy e outros afins não vão para lá, o que me deixa feliz, porque eu não acho que gostaria de estar na mesma festa que Hitler. Eu posso travar uma conversa com a maioria das pessoas, mas provavelmente tenho um probleminha com gente como essa.

Cada um de nós passa por um ajuste de contas no final da vida e tem que responder pelos seus atos. Essas pessoas também terão, mas não no mesmo lugar que nós. Pessoas como O.J.Simpson, que escapou da acusação de assassinato da ex-mulher, terão outro tipo de prestação de contas. Eu analiso os fatos desse caso como uma pessoa qualquer e ouço os espíritos como uma médium, e acredito que O.J.Simpson seja culpado; embora ele possa achar que não terá mais de pagar por esse crime, tenho certeza de que terá. Por tudo o que eu sei ou ouvi, creio que o inferno não seja um lugar de fogo eterno, onde os perversos queimam para sempre. Trata-se de um lugar sem nenhuma luz, muito frio e muito escuro. Completamente destituído de amor. Para ser franca, não tenho uma compreensão plena desse reino, porque não me meto com ele.

Você acredita que exista uma encarnação do mal?

Sim, realmente acredito. O que chamamos de demônio, ou de espírito maligno, na realidade existe. Assim como existe o positivo, existe o negativo — esse é um mundo de dualidade e você não pode ter um sem ter o outro. Mas também acredito que o bem seja mais poderoso que o mal. Se você pensar a respeito, verá que basta acender uma pequena vela num cômodo escuro para que a escuridão desapareça. Mas a escuridão não é capaz de impedir que uma vela se acenda. A luz pode eliminar a escuridão, mas a escuridão não pode eliminar a luz.

As pessoas que têm uma morte violenta, como as que são vítimas de assassinato, por exemplo, continuam a sofrer no céu ou ficam em paz?

Do Outro Lado, elas encontram a paz. Elas *são* paz. Elas *são* amor. Pode haver uma raiva inicial pelo fato de suas vidas terem sido abreviadas, por não terem feito o que encarnaram para fazer. Mas depois que compreendem, esse sentimento passa muito rápido. A raiva e a tristeza não são a norma do Outro Lado. É preciso ter em mente também que talvez elas saibam que o acidente fazia parte do plano de vida delas, fazia parte do que concordaram em viver ao vir para cá. Isso não podemos saber. Já fiz leituras mediúnicas, por exemplo, em que alguém que morreu nos ataques ao World Trade Center fez contato e não expressou nenhuma raiva. A pessoa sabia que tinha feito um sacrifício e passado por algum tipo de mudança por causa disso.

Quando pensamos em raiva ou sofrimento, estamos pensando em termos mundanos. Deste lado, podemos achar que ser assassinado é uma coisa terrível. Vemos esse ato como a perda da vida, a perda do corpo, a perda do que vemos como volição. Podemos achar que ser assassinado é como ser preso e impedido de viver livremente, encarcerado numa cela sem nenhuma esperança de sair, e ver a nossa vida toda se esvaindo pelos dedos dia após dia, sem ser capaz de fazer nada. Mas, na verdade, mesmo se pensarmos que não era isso o que essas pessoas queriam, na morte elas são libertadas. Em espírito, elas são ilimitadas. Elas não nos perderam; ainda estão junto de nós. Portanto, trata-se de uma perspectiva totalmente diferente.

Se a pessoa tem uma morte violenta, ela passa pelo trauma da morte ou é de algum modo arrebatada do corpo sem sentir nada?

Ah, sem dúvida é arrebatada do corpo e levada por um grupo de espíritos para um lugar de amor intenso e perfeito. Os espíritos imediatamente ajudam essa pessoa (que agora também é um espírito) para que ela faça os ajustes necessários. Não existe um sofrimento prolongado, tudo se passa instantaneamente, e imediatamente. Depois que ela está na Luz, essa alma tem a oportunidade de se lembrar do propósito dessa experiência e da razão que a levou a concordar com ela. Mas eu quero deixar bem claro que, nessas circunstâncias, a alma deixa imediatamente o corpo e não sofre. Deste lado, é muito difícil conceber a ideia de não estar no corpo, mas a dor pertence ao físico, e essa alma não está mais no físico, por isso não sente dor.

A pessoa que fez a sua passagem devido a um ato de violência quer que a justiça seja feita?

Depois que a pessoa está do Outro Lado, a justiça está nas mãos de Deus. Não é como aqui, onde estamos todos atrás de vingança, punição e desforra. Ninguém "sai impune" do Outro Lado, mas a justiça não é feita em tribunais ou prisões. É kármica; Deus decide o que é correto e, enquanto isso, entre os espíritos, incluindo alguém cuja vida física acabou desse jeito, existe apenas o perdão. Isso talvez seja difícil de acreditar, mas é verdade.

O que você pode dizer sobre a alma de alguém que cometeu suicídio?

Esse é um assunto muito delicado e eu não quero dar uma resposta simplista ou errada, mas existe muita coisa a respeito que eu não sei. O que os espíritos me dizem, e lá no fundo praticamente todo mundo sabe que é verdade, é que não existe nada pior do que tirar uma vida humana. Mas eu realmente acredito que exista uma diferença entre alguém que mata sem arrependimento e alguém que é enviado para a guerra, ou entre alguém que mata outra acidentalmente e alguém que sofre tamanho tormento deste lado que tira a própria vida. O que eu acredito é que, do Outro Lado, existam diferentes níveis para essas diferenças. Lá, não existe julgamento, existe justiça, perdão e cura. Mestres espirituais tentarão ajudar o indivíduo a se perdoar e a curar a si mesmo. É o espírito — aquele que se matou — que precisa ser capaz de perdoar a si mesmo. Isso não é fácil, porque no nível mais profundo da alma, ele sabe que fez algo errado. Às vezes, pode haver um suicídio em que a pessoa não queria realmente ir tão longe, ela só estava clamando por ajuda. Nesse caso, uma aparente tentativa que infelizmente tenha dado certo pode ser considerada "acidental" por aqueles que amavam a pessoa. Uma overdose de drogas e alguns tipos de acidentes envolvendo apenas um veículo poderiam ser chamados de "acidentais". Mas, no meu modo de entender, até nesses casos existe uma certa intenção; em algum nível a pessoa realmente queria morrer, portanto a morte não foi inteiramente acidental. Essa alma precisará enfrentar os seus sentimentos com relação ao que fez. Ela perdeu a oportunidade de resgatar o karma desta vida e assim contraiu mais carma para si mesma, criou uma situação em que ela precisará se esforçar para equilibrar as coisas em outras vidas. É como no filme *Sindicato de Ladrões*, quando Marlon Brando joga a toalha e deixa o adversário ganhar a luta. Mais tarde ele se arrepende. E diz, "Eu poderia ser um campeão". Se jogarmos a toalha, só nos restará o arrependimento. Aqueles que cometem suicídio terão o perdão de Deus, mas terão que lutar para perdoar a si mesmos.

Existe alguma coisa que possamos fazer deste lado para ajudar entes queridos suicidas a encontrar a paz?

Podemos rezar por Eles. Eles ouvem as nossas preces e Deus também, é claro. Faz muito bem a Eles ouvir os nossos pensamentos positivos e as nossas preces por cura. Podemos dizer, "Deus, por favor, proteja os meus amores, mantenha-os a salvo e faça com que encontrem a paz no reino espiritual".

Quem são os nossos anjos da guarda? Nós os encontramos quando morremos?

Vemos todos os nossos entes queridos e até reconhecemos outros que não chegamos a conhecer aqui deste lado, mas com quem já estivemos em outras vidas e que estavam nos ajudando durante a nossa vida, a partir do Outro Lado. *Eles* são os nossos anjos da guarda.

Depois que curamos a nossa vida, estamos prontos para entrar em ação outra vez. Mesmo que antes *tenhamos* anjos da guarda, quando fazemos a nossa transição nós nos *tornamos* anjos da guarda. Recebemos incumbências — talvez sejamos enviados para dar orientação, para guiar almas que estão deste lado a fazer escolhas melhores. Alguns de nós, quando estão do Outro Lado e compreendem todas as consequências de suas escolhas na Terra, têm dificuldade para se perdoar pelo seu comportamento em vida. Portanto, alguns do Outro Lado têm a tarefa de ajudar outras almas a se curar em espírito.

Qual a diferença entre anjos, espíritos, almas e guardiões?

Na verdade, existem falsas distinções. Uma alma é um espírito, é um anjo e é um guardião. Esses são apenas termos diferentes para designar a mesma coisa. Mesmo que um anjo (alma ou espírito) não esteja, no exato momento, nos desviando do caminho de um carro que venha em nossa direção, ele ainda é um guardião, ainda está zelando por nós.

O que é um guia espiritual?

Os guias espirituais viveram numerosas vidas deste lado do véu. A maioria ainda vai reencarnar, embora existam aqueles que já evoluíram ao longo do processo de reencarnação — falando da maneira mais clara que posso, Eles já deixaram o que os hindus chamam de "a roda da vida". Na maioria das vezes, porém, *guia espiritual* e *mestre* são termos intercambiáveis.

Existem anjos caídos, ou ruins?

Sim, eu acredito que existam. Certamente, todo mundo já ouviu falar de Lúcifer. Ele era um dos servos de Deus, eu diria um espírito Mestre. E certamente existem outros também. Há muitas coisas horríveis que acontecem aqui. É como se houvesse um bocado de trabalho sujo para uma alma da escuridão realizar. Mesmo na minha própria vida já vi vários indivíduos nos quais pude sentir o mal num nível instintivo. Não posso imaginar que se trate da mesma alma, várias e várias vezes, se mostrando em diferentes corpos na mesma vida. Não acho que seja assim que as coisas funcionem.

Qual é o propósito de um anjo caído neste mundo?

Nunca entendi muito bem essa parte do quebra-cabeça. Eu acho que essa será um das minhas primeiras perguntas quando eu chegar do Outro Lado, porque eles com certeza causam um bocado de dor deste lado. Talvez seja como o Jardim do Éden — Deus só queria jogar fora algumas maçãs estragadas e dizer, "Tudo bem, o que eu vou fazer com *isso* agora?" Só posso supor que enfrentar o mal nos desafia a sermos pessoas melhores, a não nos render a ele, a aprender, a crescer. Quando eu chegar lá, Deus vai me dar algumas explicaçõezinhas!

Como os nossos anjos guardiões nos protegem?

Ah, eu ouço histórias o tempo todo sobre alguém que quase morreu ou se feriu gravemente e vivenciou o que podemos chamar de "intervenção divina". São de fato os nossos anjos da guarda, espíritos do Outro Lado, que olham por nós. Um caso que me vem à mente agora é o de uma garota, Linda, que me procurou. Imediatamente a mãe dela fez contato e tinha muito para comunicar, muita coisa mesmo, e ela me disse, "Fale dos colares e de todo o meu amor". (Isso é algo que Eles sempre me pedem para dizer, "Todo o meu amor". Geralmente Eles estão me mostrando um objeto que serve como uma ligação simbólica entre a pessoa que ainda está viva e a que partiu.) Então eu disse a Linda, "A sua mãe me pediu para mencionar os colares e todo o amor que ela tem por você. Você tem colares dela?" E Linda simplesmente desabou em lágrimas. Ela precisou lavar o rosto para se recompor. Então me disse que, quando a mãe morreu, ela não tinha muitas joias caras nem nada parecido — só bijuterias baratas e coloridas. Linda queria algo que lembrasse a mãe, então ela pegou três voltas de contas coloridas e pendurou-as no espelho retrovisor do carro, dando muitas voltas para que não balançassem. Um dia, ela estava dirigindo quando de repente viu um caminhão vindo na direção dela — não tinha para onde ir, como desviar do caminhão — seria uma colisão de frente. Ela sabia que provavelmente ia morrer. Mas, quando o caminhão estava prestes a colidir com o carro dela, ela simplesmente gritou, "Mãe!"

Tudo o que ela se lembra depois disso é que ainda está viva. A mão estava no colo e, enroladas nos dedos, as três voltas do colar — que estavam sobre o colo dela, em perfeito estado!

Muitas vezes na minha vida, os espíritos me salvaram de alguma coisa. Mas, como sou mortal, sei que um dia os espíritos que me ajudam podem não conseguir me proteger. Eu sei que farão o melhor possível, até o ponto em que podem intervir, mas daí em diante é por nossa conta. Temos que aprender a cuidar de nós sem depender tanto da ajuda dos nossos entes queridos já falecidos. Todos nós precisamos viver cada dia plenamente e com alegria, gratidão e esperança de que o melhor aconteça.

Além de dar proteção, que tipo de coisa os nossos anjos da guarda também podem fazer por nós?

Uma delas é nos dar conselhos. A nossa consciência, por exemplo, é composta da nossa própria inteligência e dos nossos anjos guardiões. Você já viu um desenho em que uma pessoa está com um anjo bom num dos ombros e um anjo ruim no outro? De onde você acha que veio a inspiração para esse desenho? Seja quem for que o tenha feito pela primeira vez, deveria saber — é assim mesmo que acontece. Quando você acha que está tomando uma decisão sozinho, está na verdade recebendo inspiração dos espíritos dos seus entes queridos que zelam por você. Mas eu também acredito que sejamos constantemente desafiados por "energias negativas". Como na ocasião em que uma criança chora e continua chorando sem parar. O anjo bom dirá ao pai dela, "Você é adulto, ela é apenas uma criança". Ele tenta fazer com que você entenda a sua condição, entenda que você tem a perspectiva de uma pessoa mais velha e não culpará a criança por chorar. Mas o anjo ruim dirá, "Dê-lhe já umas palmadas!" Muita gente achará um meio-termo. As pessoas sabem que não devem bater numa criança, mas elas dirão algo do tipo, "Se não parar de chorar, eu lhe darei um bom motivo para não parar mais..." A energia negativa produziu um efeito, mas a inspiração e a orientação do anjo bom ainda as impedem de ceder a ele.

Mas realmente não existe limite para o que os nossos anjos podem fazer por nós quando precisamos de fato de ajuda. Eles só não cuidarão da nossa vida por nós — nós temos que nos esforçar, que usar o nosso livre-arbítrio, cometer os nossos próprios erros, aprender as nossas lições. Mas, se você realmente precisar que um trem chegue logo, que um táxi apareça numa noite escura e chuvosa ou até de uma vaga no estacionamento, Eles podem ajudar com isso também. Eu recebo muita ajuda desses sujeitos no dia-a-dia. Um dia, estava indo à casa de uma senhora para fazer uma sessão em grupo, uma "festinha domiciliar", e estava meio perdida e preocupada porque detesto chegar atrasada. Vi um homem uniformizado apontando numa direção e de algum modo soube que ele estava me dando instruções. Quando cheguei à casa dela, disse, "Perdoe-me, estou um pouco atrasada. Eu estava tão desorientada, mas então vi um homem apontando na direção certa". Eu descrevi o homem e onde ele estava. Uma das convidadas disse, "Meu Deus! Esse é o meu marido!" Ela me disse que o marido dela tinha recebido o apelido afetuoso de "prefeito das ruas". Ele estava sempre dizendo às pessoas o que fazer com o lixo ou quando cortar a grama. Por coincidência estávamos nos reunindo um dia antes do aniversário de cinco anos da morte dele. A mulher me disse que ele sempre costumava ficar no lugar onde eu o vira. O melhor amigo dele morava ali. Ele tinha falecido, mas continuava a ajudar a vizinhança.

Numa outra ocasião, eu tinha uma importante reunião de negócios e pedi a Eles que me ajudassem com uma conversa decisiva que eu precisaria travar. Eu disse, "Por favor, faça com que eu pareça grandiosa e seja uma estrela! Eles disseram, "Claro! Se não for tão cabeça dura, nós ajudaremos!"

Os espíritos podem nos ajudar a encontrar coisas perdidas?

Se pedirmos, Eles ajudarão. Do contrário, acho que gostam de nos observar indo à loucura, virando a casa do avesso, quando perdemos alguma coisa. O meu marido, John, perdeu as chaves uma vez e procurou por elas em todo lugar. John, sendo quem é, não pediu ajuda. Um mês depois, ele me disse outra vez, "Não consegui encontrar as chaves em lugar nenhum". Então eu pedi para o meu pai (já falecido), "Leo, onde estão as chaves do John?" Quero esclarecer que moramos em meio a um bosque, numa grande propriedade, e estávamos no auge do inverno quando o meu marido (finalmente, meio que) pediu ajuda. Nessa época havia uma camada de folhas mortas e de neve cobrindo tudo. Leo me levou a um ponto exato da nossa propriedade e disse para eu me abaixar e tirar a neve e as folhas, e ali estavam as chaves. Deus é testemunha de que fiz exatamente o que ele mandou. Eu não tentei procurar aqui e ali, não tive que varrer uma grande área. Eu me abaixei uma vez, num lugar, e as chaves estavam exatamente ali. Liguei para John no trabalho e disse a ele que, com a ajuda do meu pai, eu tinha encontrado as chaves. Eu disse, "Agora você acredita em mim? Não está impressionado?" E ele respondeu de um jeito muito dele, "Sim, estou impressionado. Mas ficarei ainda mais quando você entrar em contato com o meu pai e pedir que ele lhe mostre onde está enterrado aquele milhão de dólares".

Os espíritos nos observam tomando banho?
E a minha avó sabe que eu gosto de fazer *aquilo* na cama?

Claro que observam. E a sua avó certamente sabe... Eles nos veem no banheiro e nos veem no quarto! Mas quem se importa? Para quem vão contar? Não é preciso surtar por causa disso. Basta lembrar que Eles não estão na carne — Eles se *lembram* da carne, mas isso não é algo pelo qual Eles se interessem mais. Eles não estão fazendo julgamentos. Não é como se estivessem dizendo, "Nossa! Mas que traseiro grande ela tem!" ou "Se eu fosse ele, tirava essa barba..." ou "*Mama mia!* Nunca vi nada tão grande....!" Bem, você entendeu. Os espíritos não são uns intrometidos — Eles não acham muito excitante nos espiar. Isso não é diversão para Eles — pensar assim é pensar em termos *humanos*. Eles só observam a natureza humana, como nós olharíamos dois animais copulando e constataríamos a sua natureza animal. Poderíamos sorrir ou dar risada. Mas não seria um julgamento. Não esperamos que um casal de cães ou de esquilos fique embaraçado por estarem sendo observados por nós. Sim, os desencarnados certamente nos veem tomando banho ou fazendo amor, mas é como se observassem um ato comum da espécie humana. Nós não julgamos. Só sorrimos e pensamos, Que bonito. Eles ficam simplesmente felizes que estejamos expressando amor ou tendo simplesmente uma noite de prazer. Eles ficam felizes por nós. Os espíritos não se interessam tanto por sexo quanto alguns de nós aqui — nem mesmo os nossos ancestrais *sicilianos*!

E antes que você pergunte — sim, Eles também veem as nossas piores e mais secretas atitudes. Eles nos veem nos esgueirando até a geladeira e enfiando a colher no pote de sorvete ou no resto da lasanha quando estamos de dieta, e nos veem tirando meleca do nariz quando não achamos o lenço de papel. Nesses casos também, aos olhos deles, trata-se apenas de comportamentos humanos comuns. Nenhum julgamento. Eles também nos veem na sala de cirurgia, nas salas de aula e nas reuniões de família. Apreciam todas as datas que celebramos na nossa vida e também ficam ao nosso lado nos momentos de tristeza e de dor.

É possível pedir aos espíritos que nos deem um momento de privacidade? Será que podemos dizer, "Vocês podem olhar para o outro lado por um instante?"

Detesto ter que dar essa notícia, mas a resposta é "não". Mesmo que digamos, "Não olhe", isso não vai detê-los. E o que dizer de Deus? Você nunca pensou que Deus pudesse estar olhando, não é mesmo? É a mesma coisa. Haverá um momento em que Deus não estará olhando? Não. Se os nossos avós foram para junto de Deus, Eles estão lá com Ele. Não podemos simplesmente apertar o botão de desligar ou nos esconder deles.

Os desencarnados fazem sexo do Outro Lado?

Cara, você tem uma mente estreita!
Não! Eles são formas energéticas, por isso não têm as mesmas necessidades e desejos que nós. Não fazem amor, não comem nada e, não, não vão ao banheiro. Eles estão no mundo espiritual não na carne. Eu sei, você está provavelmente dizendo, "Nada de comida! Nada de sexo! Não quero ir para lá!"

Existe algo como um "fantasma tarado"?

Bem, eu não posso dizer que os espíritos não tenham um certo senso de humor com relação ao corpo e a estar na carne. Eles podem tocar uma pessoa ou empurrá-la, só para mostrar que podem fazer isso. Duas vezes já peguei um espírito tentando fazer sexo comigo. É muito estranho, mas não assustador — claro, não posso contar sobre isso para qualquer um. Mas já ouvi muitas histórias sobre espíritos que tocam alguém. Tive um cliente cuja casa na praia, na costa de Jersey, tinha como morador um fantasma muito espirituoso. Ele parecia morar perto do chuveiro e adorava ficar se encostando em todos que o usavam — não sempre, mas com frequência suficiente para que toda a família percebesse. Quando eles tinham um hóspede na casa, divertiam-se muito quando ele entrava no chuveiro. A pessoa saía do banheiro com um olhar estranho e dizia algo como, "Vocês não vão acreditar, mas..." e a família ia logo dizendo, "Já sabemos. É o Charlie!!!"

Os espíritos apenas se divertem conosco. Eles gostam de fazer piadas sobre o corpo. Estamos encarnados, então nem sempre entendemos a piada ou a achamos engraçada. Estar na forma física aqui na Terra não é fácil. Temos dias bons e ruins. Mas eu acho que todos concordam comigo quando digo que, nos dias bons, a vida é muito boa!

Os espíritos se lembram de como se faz sexo?

Com certeza se lembram! E isso me faz recordar outra história. Alguns anos atrás, duas mulheres me procuraram para uma consulta. Elas eram velhas amigas, estavam na casa dos 70 ou início dos 80, e tinham marcado a consulta no mesmo horário. Ambas queriam saber do marido e não tardou para que os dois fizessem contato. Evidentemente, eles se conheciam e começaram a fazer piada sobre as "noites de encontro", que na verdade era um eufemismo para as noites em que faziam sexo com as esposas. Um dos maridos se referia às quartas-feiras à noite e o outro, às sextas. Um deles mencionou um restaurante. Perguntei à mulher dele sobre o restaurante e ela disse que eles costumavam ir lá algumas noites por semana. Todo mundo os conhecia no lugar e tão bem que sabiam a respeito das "noites de quarta-feira". O garçom sempre perguntava no final da refeição, "Vão querer sobremesa?" Mas então ele batia na testa e dizia, "Ah, não, eu sei que não vão querer, porque eu me lembrei que hoje é quarta-feira e vocês vão querer ir para casa!" A amiga dela estava rindo até que o marido dela começou a falar sobre as noites de sexta e contar que a mulher não tirava a redinha de cabelo quando faziam amor! Então a amiga riu, como quem diz, "Pelo menos eu não usava redinha de cabelo quando fazia sexo!" Foi muito divertido o jeito com que elas brincavam com os maridos falecidos!

Os espíritos sentem saudade do corpo que tinham?

Eu tenho a impressão de que não sentem, mas se lembram da encarnação com alegria. Eles se lembram de quando comiam, de quando faziam sexo. Mas encaram com senso de humor a lembrança dos seus desejos e prazeres mundanos. Com toda honestidade, provavelmente é difícil para a maioria das pessoas até mesmo contar como é a vida do Outro Lado, porque, como espíritos, não somos nem masculinos nem femininos. Somos completamente assexuados. Encarnamos com um sexo porque existem lições diferentes para aprendermos dependendo do sexo e o espírito guarda lembranças da sua vida aqui. Identificamo-nos demais com o nosso sexo, seja ele qual for, mesmo que sejamos *gays* ou bissexuais. É difícil pôr na cabeça a ideia de não ter um corpo, e de não ser esse corpo também.

Por outro lado, durante as minhas leituras mediúnicas, eu também ouço muitas pessoas deprimidas ou tristes dizendo que, depois que morrerem, não vão querer mais voltar. Ouço isso o tempo todo: "Eu quero ficar do Outro Lado" ou "Espero que esta seja a minha última vez aqui". Mas, quando estamos do Outro Lado, alguma coisa nos faz voltar para a matéria e aprender mais lições. Eu acredito que o maior objetivo de todas as pessoas seja se tornar um Mestre espiritual ou guia espiritual e ser um espírito divino mais próximo de Deus. Para isso temos de ser pessoas valorosas. Na forma anímica, não há nada mais importante do que ser valoroso e estar próximo de

Deus. Deste lado, queremos nos casar e ter filhos, queremos ter dinheiro e beleza. Na forma energética, nada que é físico nos importa mais, tudo o que queremos é estar próximos de Deus.

Quando decidimos vir para este lado, nós escolhemos o corpo que teremos?

Sim e não. Temos o corpo de que precisamos para cumprir a nossa missão nesta vida. Todos os nossos atributos — as nossas partes belas e imperfeições — são selecionadas para nos ajudar a aprender lições e também para sermos bem-sucedidos em nossos propósitos. Portanto, trata-se de uma combinação de coisas que, a meu ver, ninguém poderia descrever como uma fórmula. O caso de cada indivíduo é único. Por exemplo, se formos destinados a ser algum tipo de líder, podemos ter um rosto de aparência forte e atraente, seremos carismáticos e talvez altos. Nem todos os líderes são altos e bem-apessoados, é claro, mas é provável que aqueles a quem faltam essas qualidades tenham, nesta vida, outros itens na sua agenda kármica, por isso aceitaram o desafio de serem líderes com atributos pouco convencionais. Talvez alguém como Stephen Hawking esteja tão concentrado no seu mundo mental que o corpo seja menos importante para ele. Não posso imaginar ninguém escolhendo nascer num corpo com tamanhas limitações físicas, mas ele pode ter concordado em nascer com restrições tão severas sabendo que seria capaz de, mesmo assim, levar adiante o seu trabalho, a sua missão, e também resgatar alguns débitos kármicos com a velocidade de um foguete — e ele também pode não ser capaz de se imaginar nascendo com alguém com as *minhas* limitações e restrições! Talvez, se estivermos aqui para aprender sobre a humildade, possamos aprender com certas imperfeições físicas que nos tornem mais humildes. Por outro lado, talvez conquistemos alguns pontos extras se tivermos a aparência de uma estrela de cinema e ainda assim formos humildes — eu realmente não sei como essas coisas são, pois não tenho acesso ao nosso "sistema de pontuação" kármico. Em resumo, eu acho que podemos não ter o que queremos, mas temos tudo de que precisamos.

Como se parece o Outro Lado?
Ele é de fato um lugar?

Bem, ele não é físico, por isso chamá-lo de "lugar" provavelmente não é muito exato. Trata-se mais de um "estado" ou uma condição — é o *paraíso*. É como aqui exceto por ter uma natureza completamente diferente. É difícil explicar, mas tente pensar na pior coisa que alguém já fez a você. Pense em como ficou amargurado com isso, como, lá no fundo, você ainda odeia essa pessoa que o magoou tanto. Do Outro Lado, esse sentimento intenso de amargura é completamente esquecido.

Eu já ouvi isso várias e várias vezes dos espíritos. É realmente inacreditável, simplesmente não existe. Tudo é perdão, tudo é amor. O Outro Lado, é claro, não é físico. Mas tem muitos atributos que podem *parecer* físicos. Pelo que eu ouvi falar, qualquer coisa que exista aqui também existe lá, só que de modo mais belo, puro e vibrante — um pouco mais "real" do que conhecemos como realidade, embora a nossa sensação, quando comparamos o físico ao espiritual, seja de que o primeiro é "mais real". Eu ouvi falar que existem plantas e jardins como os daqui, só que as cores são mais intensas. Os nossos animais de estimação vivem livres e não têm que se preocupar com a possibilidade de serem atropelados. Embora eu nunca tenha visto, ouvi dizer que existem grandes catedrais de cristal e luz. Sei que existem muitos níveis e, como conservamos a nossa personalidade, somos atraídos naturalmente para uma região ou outra, e provavelmente as nossas experiências serão diferentes.

Na primeira vez que o meu pai apareceu para mim depois da sua passagem, eu lhe perguntei o que ele fazia do Outro Lado. Ele me disse que ele e o meu irmão Harold faziam longas caminhadas pelas montanhas. Isso para mim significa que ele vê as montanhas e sente essas montanhas. Não há dúvida na minha cabeça de que Eles têm capacidade para isso. Eu não sei como, porque sou limitada, mas sei que Deus é tão absolutamente grandioso que não seria surpresa se Ele desse às almas que voltam para casa a recompensa que merecem.

Existem cores do Outro Lado?

Sim, existem cores e elas são brilhantes. Eles dizem que existem muitas belezas deste lado da Criação, mas que elas não são nada quando comparadas com o que existe do Outro Lado. Para entender a razão disso, basta lembrar que nós temos uma participação no que existe deste lado. Deus cria e nós destruímos. Nós poluímos. Nós acumulamos lixo. Nós destruímos as florestas e terras férteis e depois sofremos mudanças climáticas, tempestades de poeira e inundações; temos a extinção de várias espécies e todo o tipo de consequência que destrói a perfeição original. Realmente teríamos o Céu na Terra aqui, se pelos menos tivéssemos deixado que este planeta fosse como era em seu estado original, mas nós não deixamos. Imagine só como seria se pudéssemos ver o mundo como ele era quando criado por Deus, sem o ser humano estragando tudo. Aí sim poderíamos ter uma noção de como é o Outro Lado. Eu acho que respondi muito mais do que me perguntaram, mas eu me sinto melhor agora que tirei isso do meu peito.

Há muita gente do Outro Lado?
É preciso fazer filas?

Não, espaço não é problema do lado de lá. É o paraíso, é perfeição — há vagas de estacionamento para todo mundo. Todo mundo tem uma casa espaçosa, não há filas na padaria nem para jogar boliche. Como o paraíso poderia ser de outra maneira? Ninguém precisa sair para dar lugar a outra pessoa — nós todos somos pura energia. O Outro Lado é uma dimensão de pura energia. Espaço, nos termos físicos, não tem praticamente significado algum lá.

Os espíritos moram em casas antigas?

Essa ideia não tem fundamento — pelo menos não da maneira como é mostrada nos filmes e livros de terror. Eu sei que às vezes os espíritos se apegam aos lugares de que gostam, mas eu não acho que isso aconteça em todos os casos. Na maioria das vezes, os espíritos ficam perto dos seus entes queridos, sejam eles quem forem, e não presos a uma casa em particular.

Por que ouvimos falar de casas assombradas por fantasmas?

Às vezes um espírito tem uma história para contar. Por exemplo, em lugares históricos como os campos de batalha da Guerra Civil. Gettysburg é um dos lugares mais "assombrados" que eu já visitei. Existem *muitos* espíritos vagando por lá. Nesses casos, existe uma história a respeito de uma vida inacabada que foi tirada antes do tempo. Os nossos livros de história contam apenas metade da história. Nós nunca saberemos como foi a experiência real. E, às vezes, os espíritos realmente se apegam a esses lugares para poder contar a sua história. É como se Eles estivessem "presos" ali. Eles podem não entender que era o carma deles morrer como morreram, e podem achar que foram impedidos de cumprir o seu propósito. Pense, quando somos impedidos de fazer algo que gostaríamos muito ficamos frustrados. Talvez julguemos que a culpa não seja nossa e nos apeguemos a justificativas, contando a nossa versão da história, para que os outros saibam que não foi culpa nossa. No caso desses espíritos, se Eles fizerem a transição para o Outro Lado, tudo ficará explicado e Eles serão encorajados a aceitar o amor de Deus. Mas se ficarem aqui na Terra e não virem a retrospectiva da vida deles, não tiverem uma visão em perspectiva, não terão como saber. Serão almas perdidas. Mas isso não acontece com frequência. Se acontecesse toda vez que alguém é assassinado, haveria uma grossa camada de energia de dor à volta de todos nós. Mas, quando a história é importante, algumas almas seguem em frente e outras permanecem um pouco aqui. Em ambos os casos, elas perdoam no minuto em que entram na Luz. Na Luz, não há espaço para nada que não seja perdão e amor.

Existem almas que estão "presas" no limbo? Como elas podem sair de lá?

No meu entender, o limbo é um estado de frustração pelo que não se compreende. A alma não entende o que se espera dela, o que ela fez de errado, e não consegue seguir adiante, não consegue avançar para o nível seguinte de desenvolvimento espiritual.

Para sair do limbo a alma tem que se dispor a ouvir e acatar as orientações do seu Mestre ou guia espiritual — como a um conselheiro espiritual. Por exemplo, talvez uma criança pensasse que seria muito engraçado se ela disparasse o alarme de incêndio e obrigasse todos os alunos a sair correndo da sala de aula. Mas ela é denunciada e expulsa da escola. Ela achava, porém, que aquilo era apenas uma piada, nada de tão grave assim; não entende por que foi expulsa. Então o guia conselheiro talvez lhe dê um exemplo de por que as suas ações não foram muito corretas. Depois disso a criança entende. Ela compreende, percebe que o que fez foi errado, mesmo que não tivesse más intenções. Ela pode se desculpar e voltar a frequentar uma escola. Se ela não entender, mas mesmo assim voltar aos bancos de escola, pode fazer a mesma coisa ou algo pior. Mas com compreensão ela é capaz de progredir. Em termos espirituais, acontece a mesma coisa. Não podemos avançar para o próximo nível sem compreender o nível em que estamos. Quando compreendemos, recebemos uma nova chance, uma nova missão que podemos cumprir com uma atitude melhor.

É difícil para você visitar lugares históricos?

Apesar do fato de sempre se tratar de uma intensa experiência emocional para mim, eu gosto de visitar esse tipo de lugar e ouvir as histórias contadas ali. Em Alamo, até mesmo percorrer os caminhos de terra em torno do forte já foi uma experiência emocionante. Você pode sentir os cavalos, os homens, o cheiro e o gosto do próprio sangue. Eu não acho que você precise ser médium para sentir isso — é tão forte! Quando eu visitei a casa de Anne Frank, em Amsterdã, a sensação causada pelas almas que cercavam o lugar era muito opressiva para mim. Na verdade, eu senti os espíritos que habitavam a parte antiga da cidade. Amsterdã tem uma beleza de tirar o fôlego. As ruas, os canais, as próprias pedras das construções guardam as vibrações da história que aconteceu ali, você pode sentir a energia. Apesar da beleza, eu, e outras pessoas, tenho certeza, não podemos escapar da energia de todos os espíritos que ainda permanecem ali. Tanto as inocentes quanto as perversas. Aquelas que foram mortas e aquelas que mataram. Quando faço uma leitura mediúnica, eu me envolvo na história, mas ao mesmo tempo procuro manter uma certa distância. Mas a experiência de percorrer lugares históricos é completamente diferente para mim. Eu realmente fico muito comovida. Na casa de Anne Frank, tudo o que eu fazia era chorar. Uma mulher me perguntou, "Você está bem? Perdeu alguém da sua família?" Esse é o lado ruim de ser médium, eu acho, essa extrema sensibilidade aos outros e ao que acontece a eles. Eu simplesmente sinto uma tremenda empatia. Mas isso não é algo que só eu sinta. Muitas pessoas se sentem atraídas a lugares como esse. As nossas almas se sentem atraídas por histórias como essa.

E se você está curioso para saber se eu ouvi Anne Frank enquanto estava na casa, a resposta é não, ela não está lá. O espírito que era Anne Frank é um Mestre e não ficaria preso ao limbo dessa maneira, apegado a um lugar. Ela tinha uma missão e um propósito naquela vida e os cumpriu. A vida dela foi breve, mas o que ela realizou foi tão poderoso que continua a ressoar até os dias de hoje. Ela já partiu.

Todos os lugares que já foram habitados por seres humanos contêm vibrações?

Tudo o que tocamos retém energia. Objetos e lugares antigos naturalmente têm mais, e por "lugares antigos" quero dizer lugares onde as pessoas permaneceram por muito tempo, onde muitas emoções humanas foram irradiadas, por assim dizer. Alegria, assombro, tristeza, horror. Você consegue perceber a diferença entre a energia de uma casa antiga e a energia de outra novinha em folha, que acabaram de construir. A casa nova não tem uma aura emocional, tem muito menos energia do que um lugar habitado por anos e que já tem uma "história". Objetos antigos, especialmente os que foram muito utilizados, têm essa energia também. O mesmo acontece com as roupas usadas. Os sapatinhos de rubi usado por Judy Garland em *O Mágico de Oz* estão agora na Smithsonian Institution, mas imagine se pudéssemos tirá-los da redoma de vidro em que estão e tocá-los. Se pudéssemos calçá-los. Se fossem o meu número, seria uma experiência deslumbrante!

Os espíritos conversam entre si?

Com certeza. Eles não conversam, propriamente, pois o idioma é irrelevante. Eles se comunicam pelo pensamento, telepaticamente. O pensamento é universal. Se você está pensando, "Estou com fome", esse pensamento é o mesmo independentemente da língua que você fale. Do Outro Lado, os espíritos se comunicam por meio de um IMG celestial.

Todo mundo se conhece do Outro Lado? Nós nos comunicamos com espíritos que nunca vimos na Terra?

Oh, sim. Tenha em mente que, do Outro Lado, podemos ter avós ou outros ancestrais que nunca conhecemos nesta vida na Terra, que morreram antes de nascermos, por isso só os conhecemos em espírito, e podemos reencontrá-los lá. Também existem espíritos com quem não temos laços de sangue ou de amizade, mas mesmo assim conhecemos "por instinto" e por isso nos relacionamos e nos comunicamos com Eles, como faríamos com outro ser humano (embora na forma espiritual). A melhor maneira de explicar isso é imaginar alienígenas chegando e povoando a Terra. Nós reconheceríamos outros seres humanos, entre os alienígenas, e nos relacionaríamos com eles, sabendo que são os nossos velhos companheiros terráqueos. Podemos não conhecê-los pessoalmente, mas os veríamos como pessoas "como nós" e, se quiséssemos pedir informações, seria mais provável que perguntássemos a outro terráqueo, e não a um alienígena. Nós nos sentiríamos mais à vontade. Do Outro Lado, todo mundo é "como nós".

Os espíritos ainda têm os cinco sentidos?

Não. Os nossos cinco sentidos pertencem ao corpo, e os espíritos são espíritos. Eles não podem sentir o cheiro ou o gosto de nada, mas, como não comem mais, isso não é realmente uma grande perda, não tem nenhuma importância. Eles não podem sentir nada por si mesmos, mas podem tocar em nós. Não é um toque físico, como se nos tocassem com o dedo. É energia, por isso a sensação é de um pequeno choque elétrico — não tão forte a ponto de machucar, mas intenso o suficiente para causar um leve sobressalto.

Como os espíritos se locomovem?

Tudo é muito instantâneo, em termos de viagem no tempo. É rápido como o pensamento. Na verdade, é pensamento. Eles simplesmente pensam em outro lugar ou pessoa, e lá estão Eles — exatamente onde querem estar. Pegam uma autoestrada psíquica!

Os espíritos estão sempre conosco? Mesmo quando estamos de férias?

Não tenha dúvida — Eles estão sempre conosco, como o ar à nossa volta. Se você pega um ônibus, Eles pegam também. Se você pega um avião, Eles pegam também — primeira classe sem pagar nada a mais por isso.

Numa das minhas apresentações, havia uma mulher que tentava fazer contato com o pai. Ele logo apareceu e eu perguntei a ela, "Você vai entrar de férias?" Ela não entendeu direito do que eu estava falando, então perguntei, "Você vai para o Havaí?" Porque o seu pai está me dizendo que ele está muito empolgado com a ideia de ir com você para o Havaí". O que aconteceu é que ele estava me mostrando a imagem de um colar havaiano de flores, algo que simbolizava o Havaí para mim. Então eu disse, "Você está indo para o Havaí?" Quando eu faço leituras mediúnicas, procuro sempre montar as peças do quebra-cabeça para que a informação faça sentido para a pessoa com quem estou falando. Mas isso não é uma arte nem uma ciência — se eu vejo palmeiras e uma praia eu penso na Flórida. Mas também poderia ser o Caribe — na verdade eu não sei. Ou, se eu ouvir aquela típica música havaiana talvez eu pense que isso tem algo a ver com o fato de a pessoa estar indo para o Havaí. Mas também pode significar apenas que ela gosta do Elvis Presley! Portanto, quando eu perguntei a essa mulher se ela estava de partida para o Havaí, ela disse que o filho morava no Havaí e que a família dela sempre viajava para lá. E, sim, ela logo iria para lá, mas não se tratava realmente de férias, por isso, da primeira vez, ela não havia entendido o que eu falara. Era apenas uma suposição minha, enquanto eu tentava dar sentido ao que eu via. O que eu queria dizer era: sejam férias ou uma visita regular, o seu pai vai acompanhá-la — dá na mesma!

Contudo, quando eu disse a ela que o pai estava empolgado com a ideia de acompanhá-la na viagem, eu vi um olhar consternado no rosto do marido — era como se ele dissesse, "Ah, mas que maravilha! Quer dizer que o *papai* vai nos acompanhar?" Ele estava provavelmente pensando, isso quer dizer que papai pode ver o que fazemos a portas fechadas? Que romântico!" Mas como eu já tinha respondido à pergunta, o que ele deve ter pensado foi, "Por que ele não vai visitar a irmã dela em Baltimore e nos dar um pouco de privacidade?" O fato é que, se ela tinha uma irmã em Baltimore, ele não precisaria escolher uma das duas, poderia estar com ambas ao mesmo tempo. Deus está em todos os lugares ao mesmo tempo. Quando estamos deste lado, somos parte de Deus, mas, quando voltamos, somos unos com ele. Somos energia. Havaí, Baltimore, New Jersey ou Polo Norte — estamos em todos os lugares ao mesmo tempo.

Os espíritos podem voltar no tempo?

Eu já encontrei espíritos que são do século XIX, por exemplo, mas isso não significa que Eles tenham voltado no tempo. Essa foi simplesmente a última vez que eles estiveram aqui. Se você está na Luz de Deus, se o paraíso para você é estar numa cidade romana, você tem capacidade para estar lá e viver como os romanos. Você pode ir para outro século se preferir.

Eles podem viajar para o futuro?

Eu sei que Eles sabem coisas que acontecerão no futuro ou que tem a ver com o nosso destino. Eles também me dizem algumas coisas sobre como a tecnologia se desenvolverá. Mas Eles podem de fato viajar para o futuro? Não, Eles não viajam ao futuro, Eles tem informações de conhecimento geral concernentes ao futuro.

Que roupa Eles usam?

Nenhuma. É como tentar pôr roupas no homem invisível. É impossível. Às vezes Eles aparecem para mim vestindo roupas só para que a pessoa que está fazendo a consulta possa reconhecê-los — por exemplo, é muito comum que alguém me mostre um uniforme de algum tipo, seja de uma empresa particular ou das forças armadas; também há casos em que *ouço* (mas não vejo) que essa pessoa se vestia de maneira elegante. Mas, na maioria das vezes, estão uniformizados. Eles são uma forma de energia. São como uma sombra. E as sombras não gostam de carregar bolsas Prada ou Louis Vuitton. Qualquer um pode ver que *eu* não estou morta. Nunca encontrei um acessório de que não gostasse! Tragam-me joias caras! Pulseiras, penduricalhos, pingentes — e, enquanto isso, os óculos de sol da Chanel! Então me ajude a esconder as contas do cartão de crédito do meu marido!

Os espíritos já tentaram lhe dar conselhos sobre moda?

Não, Eles deixam isso para John! Assim como eu adoro me vestir bem e usar joias grandes, John é extremamente vaidoso e policia toda família quando se trata de moda. Ele tem um gosto muito particular com relação à sua aparência e, se vamos ao shopping, é melhor não pedir que ele carregue uma sacola da C&A!

Eu me lembro de que um pouco depois de fazer a minha primeira apresentação, pediram-me para participar de uma festa particular de Halloween e John ofereceu-se para me levar de carro. Eu achei que seria bom se ele fosse comigo porque eu estava um pouquinho insegura e ele podia me dar um apoio moral. Mas, tão logo eu entrei no carro, John me mediu de cima a baixo e encarou o meu suéter. Era preto, estampado com uma grande abóbora laranja na frente (eu também estava usando aqueles adoráveis brincos de caveira). Ele disse, "Você vai assim?" e eu percebi pelo seu tom de voz que não era bem a roupa que ele recomendaria. Ele com certeza achava que um suéter de abóbora não era uma roupa muito apropriada para uma médium profissional. Eu fiquei meio amuada e disse, "Bem, o que você sugere, então, John? Você acha que eu deveria usar um turbante? Talvez alguns colares de contas coloridas ou um medalhão? Esqueci a minha bola de cristal?" Ele sabia quando se dar por vencido.

Quando chegamos à festa, descobri que não era a única médium no local. Havia outra médium contratada e, quando eu a vi, quase explodi numa gargalhada. Ela, sim, teria o selo de aprovação de John. Estava toda paramentada: turbante, medalhão, bola de cristal.

Os espíritos aparecem em cores?

Não para mim. Nada de cor, tamanho, forma. Só em raras ocasiões, quando Eles estão tentando me dar uma dica sobre a sua identidade para que possam ser reconhecidos pela pessoa que faz a consulta. Mas mesmo nesses casos a aparência deles parece meio enevoada.

Os espíritos têm emoções?

Eles podem dizer o que talvez estejam sentindo no momento. Sentem total alegria ou completo perdão. Do Outro Lado, não há lugar para raiva, tristeza ou medo. Eu só posso descrever isso pedindo que você imagine algo tão maravilhoso que faça com que você se encha de tamanha alegria a ponto de esquecer tudo o que possa estar lhe aborrecendo. Você fica simplesmente além de qualquer tipo de negatividade. A sua sogra não consegue irritar você. O seu chefe não consegue aborrecê-lo. Você está feliz demais para se importar. Esse nível de felicidade e alegria é o que Eles constantemente vivenciam. Eles não se sentam em algum lugar e pensam, "Ai, mas isso é um *aborrecimento*!" ou "Deus, não *aguento* mais!" Eles não têm tempo para isso. Raiva e aborrecimentos não os afetam mais. Eles optaram pelo amor, pela alegria e pelo perdão — mesmo quando se trata da sogra (acho eu).

Nós ainda sentimos depressão depois de mortos?

Não da mesma maneira. Mas eu acho que, até mesmo do Outro Lado, pode brotar um sentimento de tristeza no coração — pelo menos quando se chega lá —, quando constatamos que tínhamos uma chance e não a aproveitamos. Outros espíritos tentarão nos ajudar a superar esse sentimento. Alguém que foi alcoólatra deste lado e talvez tenha arruinado a própria vida e tornado outras pessoas infelizes, perceberá os seus erros passados quando fizer a passagem e talvez fique muito deprimido ao pensar em como viveu a sua vida. Ele verá todos os seus equívocos e toda a dor que causou e precisará de um tempo para superar tudo isso.

Numa das minhas grandes apresentações, fiz uma leitura mediúnica para uma mulher que queria saber como estava o ex-marido do Outro Lado. Com certeza ela achava que ele poderia ter ido para "outro" lugar. Ele de fato fez contato — e ela ficou realmente surpresa quando eu disse a ela que ele estava lá e se desculpando como louco e dizendo que ela estava certa. Eu não sei do que ele estava falando (embora a esposa tenha dito que ela estava entendendo muito bem); eu tenho a impressão de que talvez ele tenha recebido um conselho ruim de alguém em quem confiava, com respeito a um assunto de família. Mas, pelo que eu pude entender, ele tratava a esposa muito mal, tornando a vida dela um verdadeiro inferno. Do Outro Lado, ele percebeu o erro que tinha cometido e queria que ela soubesse o quanto ele estava arrependido.

Os nossos animais de estimação esperam por nós do Outro Lado?

Claro que esperam. Os animais são dádivas de Deus. Eles nos dão conforto e alegria, são um verdadeiro apoio para nós. Com toda honestidade, os nossos animais nos devotam o que pode haver de mais próximo do amor incondicional deste lado. Precisamos tratá-los com respeito e nunca deixar de valorizá-los. Assim como as pessoas falecidas que nos foram próximas, Eles também podem fazer contato conosco. Muitas vezes quando estou fazendo uma leitura mediúnica, alguém do Outro Lado me diz para falar ao meu cliente, "O seu cachorro está aqui também".

Às vezes, o animal de estimação nem espera pela morte do dono; ele volta para visitá-lo. Já ouvi inúmeras histórias sobre animais de estimação que foram vistos na forma espiritual ou cujos latidos foram ouvidos ou sentidos. A minha amiga Ginger e o seu parceiro Wendy estavam dormindo uma noite quando Ginger despertou com a sensação de que o seu cachorro Nino Giuseppe tinha pulado sobre ela e lambido o seu rosto, como costumava fazer quando filhote. Ela sabia que isso não era possível, por isso disse a Wendy, na manhã seguinte, "Tive um sonho noite passada em que Nino estava na cama, pulando sobre mim e me lambendo no rosto". Wendy disse, "Eu não acho que tenha sido um sonho, porque eu senti também!"

Os animais de estimação são os únicos animais do Outro Lado ou as almas de todos os animais vão para lá também?

Eu não tenho todas as respostas. Não tenho certeza de como isso funciona. Mas qualquer criatura viva é a energia de Deus, que ele criou e que volta para Ele. Como ela volta e para onde volta eu não sei. Se você tem um pavão ou uma raposa e ela morre, vai para a Luz, para o universo que é Deus. Não sei em que forma. Ela volta como uma raposa? Não estou certa, mas sei que volta.

Existem espíritos de outros planetas entres as almas do Outro Lado?

Realmente não sei. O universo é muito vasto, por isso não seria nenhuma surpresa se houvesse, mas eu não sei. Só sei a respeito daqueles aos quais tenho acesso e só tenho acesso àqueles que têm uma ligação com as pessoas que me consultam. Eu toco a pessoa, peço permissão para ouvir e pergunto a ela a respeito de quem ela quer saber. Até onde eu sei, nunca fiz uma leitura mediúnica para um alienígena, por isso nunca estive em contato com o espírito de um alienígena. Mas você nunca sabe quem pode marcar uma consulta — eu posso voltar a esse assunto posteriormente.

Do Outro Lado, podemos nos comunicar com os animais também, como fazemos com as pessoas aqui?

Mesmo deste lado, nós podemos estabelecer uma ligação e comunicação profundas com os animais, principalmente com os nossos animais de estimação. Os nossos animaizinhos também são nossos protetores, assim como os nossos anjos da guarda. O meu amigo Craig me contou sobre o seu cão, Earl, que salvou a vida dele. Craig estava trabalhando no quintal e não viu que havia uma cobra venenosa bem na frente dele. Sem perceber, Craig andou diretamente para onde estava a cobra. Earl se pôs sobre ele e a cobra e foi mordido. Felizmente, Earl não morreu, mas mostrou a sua total abnegação pelo dono — se alguém teria que ser mordido ali, ele preferiu ter certeza de que seria ele.

Do Outro Lado, acredito que a nossa capacidade de nos comunicar com os animais fica mais acentuada, mas acho que ela acontece num nível muito simples. Talvez seja telepática, como quando nos comunicamos com almas humanas, mas talvez as ideias que expressemos sejam mais simples, menos sofisticadas. Por exemplo, eu não acho que você possa travar um debate filosófico com o seu *setter* irlandês, mas talvez possa fazer isso com o seu gato siamês.

É verdade que os gatos são paranormais e veem os espíritos? Se é verdade, eles são os únicos animais com essa capacidade ou todos os animais veem espíritos?

Os gatos não são os únicos. Todos os animais têm sexto sentido. Uma das minhas amigas perdeu o namorado e o cachorro dela continuou vendo-o. Ela ouvia o cachorro latindo e, quando entrava no quarto, sentia um cheiro forte de fumaça de charuto. O namorado costumava fumar charuto, por isso ela sabia que era ele, mas o cachorro era sempre quem dava o alerta.

Os espíritos assistem a jogos de futebol?

Claro. Mas a maneira como os assistem é diferente. Eles podem assistir a um ente querido jogando futebol. Ou podem observar um ente querido assistindo a um jogo. Mas Eles fazem isso por causa da pessoa que amam. Eu não acho que assistam ao jogo para ver quem vai ganhar ou perder — Eles não estão nem aí para a Copa do Mundo!

Mesmo que os espíritos não torçam nos jogos, os fanáticos por esportes não fazem uma festa no céu quando o time deles ganha o campeonato?

Para dizer a verdade, por tudo o que eu sei do Outro Lado, não acho que alguém ande por lá com bandeirinhas ou a camisa do seu time. Eu acho que Eles sabem por que um time ganhou o campeonato num determinado ano e não ganhou nos outros. Mas o que eu posso dizer é que, se Eles têm aqui na Terra uma pessoa querida fanática por futebol, Eles ficam felizes por essa pessoa, mesmo sabendo que, no esquema das coisas, ganhar um jogo ou até um campeonato não tem tanta importância assim. Eles gostam de nos ver felizes.

Os espíritos frequentam bares?

Existem muitas dimensões de Deus, mas eu não acho que uma cena de bar seja uma delas — muito embora possa haver muitos espíritos nos bares. Os espíritos não bebem nada, por isso acho que não existem bares lotados do Outro Lado. Os martinis com gelo ou os chopes bem gelados não fazem mais sentido nenhum para Eles.

Os espíritos ouvem música?

Bem, existe uma Hall of Records do Outro Lado, mas ela não é o que parece. Não é uma grande coleção de CDs. E os anjos não estão tocando de improviso nem cantando *rap* por aí. Mas com certeza existe música. Na verdade, o Outro Lado é a fonte da música, Eles a canalizam para nós, para as pessoas que se consideram compositoras — na verdade, elas estão apenas servindo como canal. Honestamente, não sei bem como isso funciona. Obviamente, a música vem de Deus, ela não se origina numa alma em particular do Outro Lado. Mas eu não sei qual é o mecanismo. O que eu posso dizer é que, acredite ou não, toda música é feita para ser ouvida. O que eu posso dizer? Você pode detestar ópera, ou *rap* ou *reggae*. Pode torcer o nariz para o *jazz*, o tango ou o *rock and roll*. A música clássica pode lhe ser indiferente ou a música dançante pode deixá-lo com náuseas. Mas todas as almas vibram numa frequência diferente, não estamos todos na mesma estação, e quando se trata de música tudo é uma questão de gosto. O que deixa uma pessoa enlouquecida será música para os ouvidos de outra e um bálsamo para uma terceira. A música tem o poder tanto de nos acalmar quanto de nos revigorar, e não precisamos traduzi-la para nenhuma outra língua — ela é apreciada universalmente. Trata-se de um remédio mágico e sempre vem de outras esferas. Mozart era criança quando começou a compor, Beethoven era surdo e mesmo assim compôs peças musicais que resistiram ao tempo. As suas composições eram canalizadas por Eles e vinham de Deus, como todas as outras músicas que foram canalizadas por todos os músicos deste mundo.

Os espíritos têm datas e horários?

Não. Esse termo nem sequer existe do Outro Lado. Muitas vezes, quando estou fazendo uma leitura mediúnica e alguém do lado de lá me dá uma previsão, o meu cliente pergunta, "Quando isso vai acontecer?" Bem, às vezes os espíritos me mostram um número — digamos que Eles me digam ou me mostrem um 2. Eu não sei se isso significa duas horas, dois dias, duas semanas, dois meses ou dois anos. Às vezes consigo mais algumas informações e digo ao cliente que *parece* que Eles estão me dizendo duas semanas. Mas esse é um método muito impreciso.

Há casos em que Eles mencionam um aniversário, mas não fica claro que se trata de um aniversário que já passou ou que está chegando. Às vezes tudo é um jogo de adivinhação em que o cliente precisa dar confirmação — eu não tenho como saber!

Os espíritos fazem trabalhos, mas não precisam bater cartão. Eles não têm encontros marcados, mas muitas vezes ficam sabendo de um grande acontecimento por meio de um membro da família — talvez uma formatura ou um casamento, ou uma reunião familiar, e Eles me pedem para dizer ao meu cliente, "Eu estarei lá!"

Os espíritos obedecem a regras?

Sim, todos nós fazemos isso. Mas saiba que Eles as violam também! Mas, falando sério, tenho certeza de que existem algumas regras feitas por Deus, mas sei também que são muito simples.

Nós sabemos quando chegou a nossa hora de morrer?

Sim, todos sabemos, no fundo da nossa alma. Na maior parte do tempo, porém, não temos acesso ao que sabemos ou não temos um conhecimento consciente disso, mas ainda nos comportamos de um modo que, em retrospectiva, podemos dizer, "Cara, ele estava sempre com pressa. Devia saber..." Temos três níveis de consciência. No primeiro nível, estamos conscientes da informação que obtemos com os nossos cinco sentidos. No nível seguinte, temos as nossas reflexões e lembranças. Então há a nossa supraconsciência, que é o "conhecimento intuitivo" da nossa conexão com Deus e com tudo que está ligado a ele. É nesse terceiro nível que sabemos quanto tempo ainda nos resta na Terra. Como eu disse, geralmente não estamos focados nesse nível, e às vezes, em algumas pessoas, esse conhecimento vem à tona.

Uma vez, duas irmãs me procuraram e contaram a história do irmão delas, que estava sempre dizendo, em diferentes ocasiões, quando falava sobre as coisas que gostaria de fazer na vida, "Bem, se eu viver até os 30 anos..." Isso realmente incomodava as irmãs, que detestavam ouvi-lo falando como se não fosse viver até os 30. Elas sempre lhe diziam, "Não fale assim!"

Quando tinha 28 anos, ele conheceu uma garota, se apaixonou e eles ficaram noivos. Decidiram se casar em Antígua no dia do aniversário de 30 anos dele. Depois do casamento, ele e a noiva foram nadar e, de repente, o céu ficou escuro e caiu uma tempestade. Eles nadaram para a praia, mas a correnteza estava muito forte. Ele se virou, então, para a esposa e disse, "Eu não vou conseguir". Ela disse, "É claro que você vai conseguir! Vamos!" Mas ele se afogou. Ele tinha tudo para viver. Não era infeliz. Não cometeu suicídio. Simplesmente *sabia* que tinha chegado a sua hora.

Por outro lado, numa das minhas grandes apresentações em Verona, New Jersey, havia uma senhora idosa que queria notícias do marido, Mike. As duas filhas estavam com ela na plateia. Mike fez contato e, para que a família o identificasse, ele me falou sobre os seus projetos, a maioria deles inacabados, e sobre todas as bugigangas que ele juntava no quintal para construir coisas "algum dia". Ele me mostrou a imagem do seu quintal — estava abarrotado de quinquilharias, blocos de concreto, todo tipo de coisa. Ele encarava essa mania com muito senso de humor, fazia disso uma piada, e enquanto isso as filhas sorriam e concordavam com a cabeça, como que dizendo, "É isso aí. Este é o nosso pai". Mas Mike tinha algo sério para comunicar. Ele disse à esposa que ela precisava parar de chamar por ele e pedir que a levasse, pois não chegara ainda a sua hora; ela precisava ficar, pois ainda tinha de fazer algumas coisas pela família. Ela concordou com a cabeça, relutante, posso dizer, e lágrimas escorreram pelo seu rosto. Mike pediu-me para dizer a ela que ficasse tranquila, pois quando fosse a hora certa ele iria buscá-la, e ele prometeu que ela não sofreria. Ela estava mais do que pronta para ir, mas não chegara ainda a sua hora. Muito embora ela *quisesse* partir, ela parecia saber disso e compreendeu.

Os espíritos ficam tristes se nunca os visitamos no cemitério?

Não, porque Eles não estão lá. O cemitério é apenas para os vivos, para que tenhamos um lugar que possamos associar com os nossos entes queridos que já partiram. Eles também ouvem os pensamentos que temos diante de suas sepulturas, embora possam ouvi-los em qualquer lugar que estejamos — o mais engraçado é que Eles podem estar até no carro conosco enquanto vamos para o cemitério. Não precisamos nos sentar perto da sua sepultura para conversar com um espírito. Na verdade, o hábito de deixar flores e presentes sobre o túmulo é uma maneira de confortar os amigos e familiares enlutados. Para nós, os objetos deixados sobre a sepultura são símbolos do nosso amor. Mas o mais provável é que Eles estejam nos dizendo, "Não precisa gastar o seu dinheiro com flores, meu bem".

Os nossos entes queridos que partiram sentem tanto a nossa falta quanto sentimos a deles?

Acho que não, porque Eles estão aqui conosco. Analise desta forma: hoje, se você tem parentes que moram em outro estado, não pode vê-los com muita frequência. Talvez sinta saudade deles, mas não vive triste por causa disso. Agora, digamos que você pudesse sair do seu corpo e, só pela ação do pensamento, pudesse encontrá-los na beira da piscina ou no ambiente refrigerado de um shopping. Eles não podem ver ou ouvir você, mas você pode vê-los e ouvi-los. Como regra geral, essa capacidade de ficar próximos dos parentes vivos parece bem satisfatória para aqueles que já partiram. Eu acho que a única situação em que Eles podem sentir algo parecido com esse sentimento de pesar é quando partiram deixando uma questão não-resolvida ou algo por dizer. Mas mesmo assim Eles estão num local de total paz e perdão, por isso não acho que seja a mesma coisa.

As almas dos nossos entes queridos um dia querem voltar para nós? Eles lamentam terem partido?

Eu nunca encontrei uma alma que lamentasse ter partido. Pode ser que ela não esteja totalmente feliz com as circunstâncias da morte, mas isso é outra história — elas não querem que os amigos e parentes vivos fiquem tristes e lamentem a perda tão profundamente. Se sentem que alguém sofre com a morte deles ou se sente culpado, Eles lamentam por isso. Lembre-se, nós não pertencemos ao mundo físico. Pertencemos ao universo maior que é Deus. Estamos aqui, nesta partezinha do universo, para estudar, aprender e ter certas experiências que só o mundo físico pode oferecer. Morrer e acordar do Outro Lado é como tirar férias de verão. É raro encontrar uma criança dizendo que quer voltar para a escola antes de as férias acabarem; do mesmo modo, eu nunca ouvi uma alma expressando o desejo de voltar para casa antes do tempo de reencarnar. Depois que chegam do Outro Lado, elas entendem a jornada que acabaram de concluir. Eles ainda nos amam. O seu amor dura pela eternidade. Mas o Outro Lado é o paraíso e é ilimitado, e Eles não precisam voltar à forma física para estar conosco.

Você pode explicar como se comunica com o espírito de pessoas que já faleceram? Qual é o processo físico?

A melhor maneira de descrever isso é dizer que eu ligo o piloto automático. Você já lavou louça ou passou uma camisa a ferro? Provavelmente centenas de vezes. Então sabe que você não precisa pensar no que está fazendo. Você não tem que prestar atenção em nada, não precisa se concentrar. Acontece o mesmo quando eu quero fazer uma leitura mediúnica. Eu simplesmente paro de pensar. O meu coração começa a bater mais devagar e eu entro no estado alfa. Eu não ouço uma voz, é um pensamento. E eu também posso ver imagens de relance. A família ou outros entes queridos da pessoa para quem faço a leitura (meu cliente) aparecem em grupo para se comunicar. Ao redor do meu cliente eu vejo energia — um arco ou meia-lua desfocada em volta da pessoa. Trata-se da combinação das energias de várias almas. Às vezes eu também vejo um "pilar" de energia, que pode ser uma pessoa de estatura alta ou um antepassado. Quando a leitura começa, a energia em torno do cliente é meio enevoada. À medida que avançamos, a energia é usada e aos poucos clareia ou fica mais nítida.

Se estou fazendo uma apresentação para muitas pessoas, às vezes, durante uma leitura em particular, eu murmuro algumas notas musicais. Não é uma canção em especial, não estou evocando os meus guias espirituais nem nada parecido; é algo aleatório. Tudo o que eu faço é tentar bloquear o ruído à minha volta. Isso me leva de volta a um estado subconsciente. De vez em quando eu respiro fundo. Muita gente me pergunta sobre isso porque parece estranho e é claro que as pessoas pensam que tem algo a ver com a transmissão da mensagem. Na verdade, tudo o que estou fazendo é respirar! Quando estou ouvindo atentamente o que estão me dizendo, é como se eu pensasse, falasse e respirasse quase que pelo topo da cabeça. Evidentemente, não é possível respirar pelo topo da cabeça, por isso o que está na realidade acontecendo é que eu *não* estou respirando. De repente eu percebo que preciso de ar e sorvo uma rajada de ar que é quase como se eu suspirasse, pois eu inspiro muito rápido.

Outra coisa que faço é juntar a ponta dos dedos. Eu não sei realmente por quê, mas isso de algum modo me ajuda a manter, a conservar a energia. Existem muitas imagens de Mestres espirituais ou até de pessoas comuns meditando com os dedos nessa posição. Mas isso deve ser algo que eu faço instintivamente, porque não é algo que alguém tenha me dito para fazer.

Cada médium interage com os espíritos de uma maneira, mas de modo geral não existem diferenças drásticas no modo como se comunicam ou transmitem mensagens. Contudo, alguns veem os espíritos na maioria das vezes — os chamados *clarividentes*. Alguns ouvem o que Eles dizem na maioria das vezes — os chamados *clariaudientes*. Alguns só captam uma impressão geral — os chamado *clarissencientes*. Os espíritos são energia e esse campo é amplo o suficiente para diferentes experiências e interpretações.

Os médiuns recebem mensagens por meio do tarô?

Um verdadeiro médium que usa o baralho de tarô não está, na verdade, recebendo uma mensagem das próprias cartas. Quando eu me apresentei em público pela primeira vez, usei um baralho de tarô apenas para ter algo em que focar a atenção, pois eu estava nervosa e, para ser franca, provavelmente parecia como alguém que está prestes a ter um ataque. Eu colocava as cartas entre eu e o cliente e dizia a ele que estava usando as cartas para captar a energia dos entes queridos dele. Na verdade, eu estava ouvindo, não vendo, e às vezes eu ficava com o olhar fixo num ponto no espaço e conversava com as cartas espalhadas na minha frente e o cliente dizia, "O que você está vendo aí em cima?" Depois de um tempo percebi que seria melhor se eu apenas me sentasse ali e conversasse com eles sem aquele cenário todo.

Você já usou um tabuleiro Ouija?

Não quero nunca ser associada a tabuleiros Ouija. Esse é um jogo perigoso. Você está abrindo uma porta e, a menos que saiba se proteger, pode evocar um espírito mal-intencionado, que pode assombrar você ou interferir na sua vida. Quando faço uma leitura mediúnica, sempre peço a Deus para me proteger e para proteger a minha casa, deixando que apenas os que caminham na Luz se aproximem. Sou como Joan Crawford e os cabides metálicos: *Tabuleiros Ouija não! Tabuleiros Ouija não!**

---

* A autora se refere a uma cena de do filme *Mamãezinha Querida*, em que a personagem Joan Crawford flagra a filha pendurando roupas em cabides metálicos e começa a espancá-la com os próprios cabides, gritando, "*Cabides metálicos não! Cabides metálicos não!*"

Como você capta as mensagens que recebe durante a leitura mediúnica?

Elas vêm fragmentadas. Na verdade, é como montar um quebra-cabeça. Eu tento juntar as peças e depois o cliente precisa montar o quadro todo. É claro que, se eu sei onde as peças se encaixam, eu digo.

Primeiro tento identificar a pessoa, do Outro Lado, que está falando — uma pessoa apenas —; eu me prendo a ela e deixo que me apresente os outros. É como chegar numa festa, começar a conversar com alguém e depois aos poucos ser apresentada às outras. Eu peço à pessoa que vai falar (mentalmente, não em voz alta), "Por favor, dê um passo à frente. Você tem uma mensagem? Pode me ajudar?" Ela faz a maior parte do trabalho.

Ao se identificar, ela pode me dizer o nome dela sem rodeios ou dizer só a primeira letra. Neste caso, eu digo isso ao cliente, mas também posso sugerir nomes possíveis que comecem com essa letra — só para estimular a mente do cliente eu digo, "É um J — é Jerry? John? Jack? Faço isso porque muitas vezes descubro que o cliente fica em estado de choque quando consegue a conexão, mesmo que tenha me procurado exatamente por causa disso. Nomes não são algo que eu acerte sempre — e só me resta pedir desculpas por isso. Os espíritos do Outro Lado me dizem o nome e eu tento e muitas vezes consigo acertar em cheio. Mas eu não sou Deus. Se eu digo a alguém, é um D — David, Donald, Dominick... espero que a pessoa não se surpreenda se for Donahue — mas geralmente eu posso dar muitos outros detalhes sobre a pessoa de modo que não reste nenhuma dúvida na mente do cliente. Muitas vezes, para verificar quem está falando, eu pergunto como Eles fizeram a passagem e Eles me mostram como morreram. Eu posso ver que Eles estavam na horizontal e isso significa que estavam numa cama — ou ficaram muito tempo doentes ou morreram durante o sono. Ou eu posso ter uma sensação no peito e perguntar ao cliente, "Ela tinha algum problema nos pulmões?" Eu tenho muitas sensações diferentes, como se estivesse recebendo um golpe, ou como se tivesse água nos pulmões, ou como se tivesse sendo açoitada pelo vento, dependendo do que Eles estão tentando me dizer. Nunca é a mesma sensação. Ou eu posso ver algo se alastrando pelo corpo todo, então eu pergunto, "Era câncer?" Ou eu posso realmente ver sangue e saber que foi um acidente ou algo pior. Mas eu só falo isso para que o cliente saiba se está falando com o ente querido com quem queria fazer contato. Às vezes Eles chegam a dizer o nome da doença, como diabetes, por exemplo. Há casos em que os espíritos não querem me dizer como morreram — isso ainda é algo que os aborrece (isso muitas vezes acontece no caso de overdose ou outra coisa qualquer da qual se "envergonham" ou ainda não se curaram) ou que podem entristecer a pessoa com quem vieram se comunicar.

Eu escuto muito mais do que vejo. Eles falam comigo sussurrando suavemente. Eu capto imagens apenas se Eles querem me descrever uma coisa específica. Ou posso sentir o cheiro de fumaça — de cigarro, charuto ou cachimbo —, de álcool ou de uma colônia que será reconhecida pela pessoa para quem estou fazendo a leitura. Eu posso dizer, "O seu tio Louie fumava? Porque eu posso sentir cheiro de cigarro nele". Às vezes eu ouço uma melodia, o que pode ser um problema para mim porque não sou boa cantora. No entanto, se eu reconhecer a música, faço o possível para transmiti-la ao cliente e muitas vezes ele sabe o que isso significa. Muitas vezes, Eles só aparecem por alguns instantes. Os espíritos são uma fonte de energia e Eles têm uma reserva limitada, por isso raramente ficam por muito tempo. Assim que aparecem, Eles tentam me fazer receber as mensagens mais importantes que querem me transmitir, e na maioria dos casos partem bem rapidamente depois disso. Se Eles vêm até mim em grupo, com vários amigos e membros da família, o encontro dura um pouco mais, pois Eles se valem da energia uns dos outros.

Quanto tempo dura uma leitura mediúnica típica?

Isso é algo que muitas pessoas acham surpreendente, pois elas estão acostumadas com a ideia de ir a uma cartomante e fazer realmente uma consulta. A cartomante vai dispor as cartas de uma certa maneira e as lerá uma a uma, o que pode demorar um pouco. O cliente também pode fazer perguntas. Não é raro que esse tipo de consulta dure meia hora ou uma hora. A leitura mediúnica que eu faço não costuma durar meia hora ou uma hora. O que eu faço é mais curto, mas muito mais intenso. O cliente está em contato direto com um espírito que ele reconhece e pode validar, e muitas informações são transmitidas em apenas dez minutos. Então o espírito se vai. Se vários espíritos aparecem, a leitura pode se estender para quinze minutos, mas mais do que isso seria uma exceção.

Quando um médium é solicitado a falar com um espírito em particular, esse espírito para o que quer que esteja fazendo do Outro Lado para atender ao chamado?

Não, claro que não. Ninguém para o que está fazendo assim como Deus não para o que está fazendo para ouvir as nossas preces quando já está ouvindo as preces de alguém na Itália. Eles não são limitados, por isso podem estar em todos os lugares ao mesmo tempo. Eles estão sempre acessíveis a nós.

Você tem algum controle sobre quem entra em contato durante uma leitura mediúnica?

Eu tenho controle sobre as energias negativas que quero manter afastadas. Sempre começo a leitura dizendo que só aqueles que estão na Luz de Deus podem se comunicar comigo. Não tenho nenhuma entidade negativa à minha volta. Nem na minha presença nem na minha casa. Não quero associação com nada que não venha de Deus.

Você pode, de alguma maneira, focar um espírito em particular? Pode escolher quem se comunicará?

Bem, primeiro eu peço permissão ao meu cliente para ouvir o espírito. Seguro a mão dele e peço para que diga o seu nome; isso de algum modo alerta o Outro Lado de que estamos procurando alguém ligado a essa pessoa, o meu cliente. Assim a pessoa que solicita a leitura tem controle sobre quem vem falar com ela. Ela pode solicitar a presença de uma pessoa em particular. Ou, se eu disser a ela que um grupo de espíritos se apresentou, ela pode dizer "Eu só quero falar com o meu pai"; os outros espíritos então se afastam. Há casos em que os espíritos do Outro Lado querem se desculpar por algo ou transmitir uma mensagem à pessoa. Eles não têm muita chance de se comunicar com as pessoas deste lado, por isso não querem perder a oportunidade e são bem insistentes.

Você precisa mesmo pedir a permissão dos clientes para ouvir o espírito?

Eu só acho mais educado. Se não pedir, eu me sinto como se estivesse me intrometendo. Quer dizer, se eu vou à sua casa, toco a campainha antes de entrar, não toco? Eu não vou abrindo a porta ou metendo o nariz na vidraça. É só uma questão de cortesia perguntar primeiro. Eu procuro demonstrar o mesmo respeito que gostaria que demonstrassem comigo.

Você já recebeu mensagens de espíritos que os seus clientes disseram não conhecer?

Ah, muitas vezes! Não dá para conhecer todos os membros da família que faleceram antes de nós. Em muitos casos aparece um espírito que a pessoa não conheceu nesta vida, mas com quem teve um relacionamento especial, como alma, ao longo de muitas vidas. Ou às vezes se trata de um parente distante ou até mesmo de um parente falecido de um vizinho, alguém com alguma ligação com a família deste lado. Às vezes recebo pessoas que me dizem, "Veja só, você estava fazendo uma leitura para o meu vizinho e a minha família foi mencionada". O espírito só estava usando o meu cliente como mensageiro. Eu sempre digo aos meus clientes casados que, se for mencionado um nome que eles não conhecem, pode se tratar de alguém da família do cônjuge, uma vez que todo mundo está junto do Outro Lado e a família dele e a dela se consideram uma só.

Eu uma vez estava fazendo uma leitura para uma senhora e a sogra dela apareceu. Eu não fazia ideia de que a sogra tinha falecido quando o marido da minha cliente ainda estava na faculdade, em torno de vinte anos antes de eles se conhecerem e se casarem. Eu não sabia que ela nunca conhecera a sogra. De qualquer maneira, a sogra transmitiu algumas mensagens para o marido dela e depois me mostrou um guarda-louça e um pequeno objeto que, segundo ela, a minha cliente guardava no guarda-louça. E acrescentou que estava muito feliz pelo fato de a minha cliente tê-lo guardado e às vezes tirá-lo do armário para contemplá-lo enquanto pensava nela. Eu tinha certeza de que não eram pratos — era algum tipo de enfeite que ela guardava no guarda-louça —, mas a minha cliente falou que não fazia ideia do que a mãe do marido estava falando. Disse que perguntaria ao marido quando chegasse em casa. Mas então me ocorreu uma coisa e eu perguntei à minha cliente se o marido dela tinha uma irmã. Ela disse que tinha. Eu disse, então, "Eu me enganei. É a sua cunhada que guarda esse objeto no guarda-louça — você precisa contar a ela o que a sua sogra disse". Tão logo acabou a consulta, a minha cliente ligou para a cunhada e contou sobre a mensagem. Então perguntou se ela sabia do que a mãe dela estava falando. Ela disse, "Ai, meu Deus, eu guardo a pulseira de pingentes da minha mãe dentro de uma xícara no guarda-louça e eu de fato a tiro da xícara, fico olhando para ela e pensando na mamãe às vezes".

Quando Eles querem transmitir uma mensagem, aproveitam qualquer oportunidade. Mesmo deste lado, você sabe, se queremos alguma coisa acabamos encontrando um jeito de consegui-la. Eles são assim também. Se veem a linha telefônica aberta, não perdem a chance de falar.

É "seguro" receber uma leitura mediúnica numa reunião em grupo? Um espírito pode revelar algo que eu não queira que os outros saibam?

Se a sua preocupação é com a possibilidade de ficar constrangido, saiba que, não importa se você está em grupo ou sozinho, os espíritos nunca terão a intenção de humilhá-lo. Eles podem dizer o quanto se orgulham de algo que você fez e isso pode constrangê-lo se você for uma pessoa que se constrange facilmente, mas a mensagem nunca será ofensiva. Além disso, Eles confiam em mim para transmitir as mensagens apropriadamente, e *eu* nunca diria nada ofensivo. Como eu disse, eu praguejo como um motorista de caminhão e tenho um caderninho cheio de piadas sujas — que eu sempre consulto. Mas eu não sinto nenhum prazer em fazer alguém se sentir mal. Isso simplesmente não vai acontecer. Do Outro Lado só existe amor. Você precisa se lembrar disto: *Eles amam você*. A última coisa que querem é fazer algo que o magoe, mesmo que o relacionamento entre vocês tenha sido problemático quando estavam na Terra. O que eu sempre vejo são espíritos que querem se desculpar por algo que fizeram ou pela maneira como trataram alguém. Isso pode ser comovente, mas não humilhante, espero eu, para a pessoa que recebe a mensagem. Eles não me dizem a que se referem as desculpas e, mesmo que eu tenha um palpite, fico quieta. O máximo que eu sei — o máximo que eu costumo saber — é que talvez haja algo bem ruim, ou pelo menos algo sobre o qual o espírito se sente muito mal. Se o cliente quer entrar em detalhes, isso é com ele. Numa ocasião, uma cliente poderia dizer, "Ele abusou de mim desde que eu tinha 6 anos de idade até eu sair de casa, aos 16! Isso é algo que a pessoa precisa extravasar e se sentir num lugar onde esteja segura para desabafar. Eu tenho uma grande caixa de lenços de papel no meu consultório. Muitas vezes, quando estou fazendo uma leitura mediúnica para alguém, fico muito emocionada. Muitas pessoas choram e, embora eu tente não me envolver emocionalmente para que possa transmitir a mensagem, há ocasiões em que *eu* choro. Às vezes as pessoas se sentem constrangidas quando ficam emocionadas, mas eu sempre digo, "Isso é o que nos liga a todos, você, eu, todo mundo! Se eu tiver que repor as caixas de lenços a cada duas semanas, tudo bem! Fico orgulhosa disso!"

Já aconteceu de alguém solicitar uma leitura mediúnica e você não ouvir nada?

Sim, isso já aconteceu. Nas milhares e milhares de leituras que fiz, isso já aconteceu algumas vezes. Uma vez, três mulheres na casa dos 30 anos me procuraram para uma leitura. As duas primeiras tiveram as suas leituras e tudo transcorreu normalmente. Então, com a terceira jovem, eu simplesmente não consegui ouvir nem ver nada. Eu fiquei um pouquinho nervosa, porque isso nunca tinha acontecido antes, mas tudo o que eu pude dizer foi, "Queira me desculpar, querida. Não posso aceitar o seu dinheiro. Não há nada que eu possa lhe dizer". Ela ficou chateada e saiu da minha casa rapidamente. As duas amigas se demoraram um pouco mais e eu disse, "Não sei o que aconteceu. Vocês podem me dar alguma razão para eu não ter conseguido nada?" E as amigas disseram que ela tinha a tendência de sabotar todos os relacionamentos e o que acontecera comigo já tinha acontecido com ela algumas vezes. Ela já procurara vários médiuns, alguns de reputação duvidosa, e até o famoso médium George Anderson, e ele também não tinha conseguido ver nada!

A outra ocasião em que isso aconteceu também foi com uma jovem de trinta e poucos anos. Quando eu lhe disse que me desculpasse, mas que eu não tinha visto nem ouvido nada, ela não pareceu surpresa. Disse, "Tudo bem, prefiro que você seja franca comigo".

Nesse dia, não estou certa da razão por que isso aconteceu. Imagino que deva ser alguma coisa kármica com relação a essas pessoas. Sem mencionar nomes, sei que isso já aconteceu com alguns outros médiuns legítimos, alguns famosos e outros que são honestos, mas não famosos. Eu suponho que, embora raro, esse seja um fenômeno real. A diferença entre um médium legítimo e um charlatão é que, em casos como esse, o médium legítimo admitirá que não consegue ouvir nada. O médium fajuto dirá algo que acha que o cliente quer ouvir.

Quando você está fazendo uma leitura
para um grupo grande de pessoas,
já ficou confusa quanto a quem está
falando com quem?

Sim, isso de fato acontece. Às vezes, quando estou fazendo uma leitura para alguém, começo a receber mensagens para outra pessoa que está nas imediações. Pouco tempo atrás eu estava fazendo uma leitura para uma mulher, durante a apresentação para um grupo, e conversando com a mãe dela. A mulher confirmou as circunstâncias da passagem da mãe, por isso sabíamos que era ela. Mas a mulher não reconheceu a informação que eu estava recebendo. Ela pareceu totalmente intrigada com o que estava sendo dito, sem entender o que estavam lhe transmitindo. Então uma mulher atrás dela levantou a mão e perguntou, "Será que Eles poderiam estar falando comigo?" Era como se um membro da família *dela* tivesse pego o microfone, por assim dizer. A segunda mulher confirmou todas as informações — nós simplesmente fomos ao que interessava sem nem mesmo saber quem estava falando, só por causa da maneira como tudo aconteceu. Então a mãe da primeira mulher entrou em cena e disse, "Não se esqueça de voltar para mim — eu não acabei!" Isso aconteceu novamente, um pouco mais tarde, na mesma apresentação. Eu falei à pessoa para quem fazia a leitura que o espírito que se apresentara tinha algo a ver com o Vietnã e mais uma vez a pessoa esclareceu que não sabia do que se tratava; ela não tinha nenhuma ligação com o Vietnã. Mas a jovem ao lado dela disse que tinha certeza de que a mensagem era para ela, pois esse espírito que falara do Vietnã era justamente a pessoa com a qual ela queria entrar em contato.

Existe alguma diferença entre fazer uma leitura para um homem ou para uma mulher?

Do meu ponto de vista, não. Nenhuma diferença. Eu faço do mesmo jeito. Eu diria que isso muda de acordo com a pessoa. As pessoas recebem as coisas de maneira diferente. Nunca existirão duas leituras mediúnicas iguais nem duas pessoas que receberão mensagens da mesma maneira. Se existe uma diferença, pode estar no fato de um número menor de homens solicitar leituras mediúnicas. Por qualquer motivo — talvez seja uma questão de machismo —, os homens se orgulham mais de serem céticos, e mesmo quando comparecem às minhas apresentações, eles muitas vezes vêm apenas para olhar e não levantam a mão para pedir uma leitura. Eu sempre fico muito orgulhosa dos homens que fazem isso. Eles me parecem corajosos.

Os homossexuais não agem da mesma maneira — eu sou muito popular entre eles e faço muitas festas particulares para grupos de gays. Esses rapazes não têm medo de mostrar as emoções e nós realmente nos damos muito bem. Eu sempre digo que adoro os gays — não só porque o meu amado irmão Harold era gay —, mas porque eu compreendo a luta que eles vivem. Também sinto que, por causa dessa luta, eles se tornam seres humanos melhores e compreendem as diferenças. Eles têm mais facilidade para sentir empatia e compartilhar o que sentem.

É difícil para você ser casada com alguém que não acredita no contato com os espíritos?

Nunca foi fácil entender como algo tão óbvio para mim pode não ser completamente óbvio para a pessoa que eu mais amo. No entanto, o nosso relacionamento realmente evoluiu. Quando nos conhecemos, ele se sentiu atraído pela garota legal, com uma personalidade afável. Vinte e cinco anos depois, eu realmente acredito que ele aprendeu muito no nível da alma e hoje é muito mais apaixonado por mim espiritualmente do que jamais foi pelo corpo sexy que eu costumava ter.

John foi entrevistado uma vez e lhe perguntaram, "O que você vai fazer quando morrer, for para o Outro Lado e descobrir que a sua mulher tinha razão?" Eu adorei a resposta dele. Ele disse, "Durante toda a minha vida, eu fui um bom filho, um bom irmão, um bom marido, um bom pai e um bom amigo. Tento fazer a coisa certa com todo mundo que conheço e que encontrei na vida". (E isso é verdade! Se John recebe um centavo a mais de troco, mesmo que já estiver em casa, ele pega o carro e volta para devolver!) "Se eu chegar do Outro Lado e Deus não me julgar por essas coisas, mas só com base nessa pergunta — se eu acreditei ou não Nele — e não me deixar entrar, então esse será um clube ao qual eu não quero mesmo pertencer".

Os espíritos podem revelar se o seu parceiro está traindo você?

É claro que podem e fazem isso. Mas a maioria das pessoas tem uma intuição com relação a isso, mas não dá atenção e tenta se convencer de que é bobagem. Os espíritos sempre sabem o que está acontecendo e sempre tentam nos alertar para o que está se passando na nossa vida. Na minha própria vida, houve uma ocasião, quando não estávamos casados há muito tempo, em que as coisas não iam muito bem. John tinha o seu encontro semanal com os amigos às quintas-feiras à noite — eles iam a um bar, tomavam alguns drinques, conversavam, essa coisa toda. Uma noite, quando ele voltava de um desses encontros e, sem querer, deixou a carteira cair no carro. No dia seguinte, eu precisei ir ao caixa eletrônico. Entrei no carro e vi a carteira de John no assento. Tudo bem, tenho que admitir que eu a abri. E ali estava, nem mesmo escondido, aquele papelzinho com o nome "Julie" e um número de telefone. Bem, você pode imaginar como eu me senti! Mas tentei me acalmar e verificar com o Outro Lado. Perguntei, "Meu marido está tendo um caso?" E Eles responderam, "Não". Curto e grosso. Nem hesitaram. Mas as coisas ficaram mais tumultuadas mais tarde e eu simplesmente não quis acreditar no que tinha ouvido. Então, quando John chegou em casa, eu disse a ele, "Existe algo que você queira me dizer?" Ele agiu como se não soubesse do que eu estava falando. Então eu disse, "Quem é Julie?" Ele continuou me olhando como se não soubesse de nada, então eu contei que achara o telefone dela na carteira dele. Então ele se lembrou, e disse, "Ah, era apenas uma moça simpática e triste que acompanhou a namorada de Joe noite passada. Ela parecia solitária. Começou a conversar comigo e para ser educado deixei que ela falasse a noite toda. Eu contei que era casado, mas quando estava de saída ela ainda assim quis me dar o seu telefone para que pudéssemos manter contato e ser amigos. Eu não quis ferir os sentimentos dela, por isso peguei o papel e guardei na carteira". Você pode imaginar o que é ter que engolir uma história como essa? Eu mais uma vez quis checar com os espíritos, perguntando, "O que ele contou é verdade?" E Eles disseram, "É". Bem, embora eu confie muito no Outro Lado quando se trata de dar respostas diretas, ainda assim custou para que eu acreditasse naquela história. O nosso casamento não estava indo muito bem e eu achei mais fácil acreditar que John estava me enganando do que confiar na história de que não havia nada por trás daquele número de mulher. Mas foi justamente isso que Eles me disseram e eu decidi que não tinha outra escolha a não ser confiar.

Treze anos se passaram, John e eu nos mudamos para os bosques de Booton e eu estou fazendo uma leitura para uma mulher. Assim que toco na mão dela para pedir permissão para

ouvir, eu ouço, "Ela é Julie. *Aquela* Julie." O quê? Eles dizem, "Julie. O telefone na carteira de John. É ela". Uau! Eu disse para a mulher, "Você se lembra, há mais de dez anos, de um homem chamado John Bertoldi?" Ela não se lembrava. Eu disse o nome do bar e contei que se tratava de um grupo de amigos e que ela conversara com um homem em particular durante toda a noite. Então ela se lembrou de que estivera lá. Eu disse, "Aquele homem era meu marido". Ela disse, "Verdade? Seu marido? Era um homem muito simpático".
Eu não acredito em coincidências. Essa foi uma lição de verdade para mim. Essa mulher tinha que me procurar, depois de mais de dez anos e de uma mudança de endereço para outro estado, só para que o Outro Lado pudesse me mostrar, sem deixar sombra de dúvida, que o meu marido era fiel a mim e que eu realmente podia confiar sempre neles.

Só para registrar, eu queria dizer que eu geralmente não conto de imediato a uma cliente caso ouça que está sendo traída. Eu sempre digo que isso não é da minha alçada. Eu não posso consertar ninguém. Deixo que a pessoa decida por si mesma.

O espírito conserva a mesma personalidade que tinha quando vivo?

Com certeza! A personalidade que Eles tinham aqui também têm lá. Se alguém era insistente deste lado, também será do Outro Lado e vai querer ser ouvido. Alguns homens que gostavam de flertar quando estavam vivos fizeram comentários sobre a minha aparência ou sobre gostar de algumas partes do meu corpo. Um dia eu estava fazendo uma leitura mediúnica e comecei a rir. A minha cliente então me perguntou por que eu estava rindo e eu disse, "Ele disse que eu sou um pedaço de mau caminho. A cliente então comentou, "É, verdade, você faria o tipo dele". Mas, de vez em quando, alguém que era tímido deste lado ou alguém que não tinha o hábito de se desculpar, comunica-se com firmeza ou diz, "Eu nunca disse que te amava e gostaria de ter dito". Portanto, às vezes Eles de fato mudam do Outro Lado, mas é sempre porque aprenderam alguma coisa. Às vezes, os clientes comentam que eu consigo transmitir muito bem o "jeito" da pessoa, como quando eu imito os trejeitos do espírito ou algo assim. Mas não sou eu, são Eles. Eu só repito o que escuto.

As pessoas do Outro Lado envelhecem?

É preciso ter em mente que o envelhecimento físico não tem nada a ver com maturidade espiritual. Alguém deste lado pode viver por muito pouco tempo, mas ser uma alma muito antiga. E o contrário também pode acontecer, alguém pode viver até os 75 anos e ainda ser uma criança em termos espirituais. Daquele lado, um bebê que morreu não é um bebê. Esse espírito pode entrar em contato comigo dizendo, "Eu sou o bebê de 9 meses que a minha mãe perdeu", mas ele só diz isso para que a pessoa saiba de quem se trata. As pessoas sempre querem saber por que Deus leva uma criança, mas para mim essa não é a pergunta correta. Eu sempre me pergunto sobre as pessoas que se apresentam como voluntárias para nascer aqui mesmo sabendo que talvez sejam vítimas de uma doença fatal, de um distúrbio genético, de abusos ou de assassinato. Mas a repercussão criada por essas vidas breves e mortes tem longo alcance e contribuem muito. E, é claro, o lugar para onde Eles voltaram é muito melhor.

Mas, de modo geral, parece que os espíritos do Outro Lado não têm uma idade determinada. Acho que Eles podem escolher. Eu sei que o meu pai não aparece para mim como um homem velho e o meu irmão não se apresenta como um homem doente. Os dois são jovens e belos do Outro Lado. É mais provável que os espíritos tenham a idade que lhes caia melhor, que se pareça mais com Eles *mesmos*. Mas eu sei que, quando um cliente vem para uma consulta, o espírito que está querendo se comunicar geralmente tenta se apresentar numa forma que sabe que será reconhecido. Um avô, por exemplo, não se mostrará como um rapaz de 20 anos, pois o neto não o conheceu nessa idade.

O que faz uma alma reencarnar sabendo que terá uma vida curta?

Geralmente, quando encarnamos é para aprender alguma coisa. Mas eu acredito que nesse caso seja para ensinar algo. Sem dúvida, uma missão como essa não é atribuída a alguém que não seja um Mestre ou alguém muito evoluído. Não posso falar em motivação. Eu suponho que uma alma que evoluiu a esse ponto tenha muito mais compreensão do que nós, e não precisa que lhe expliquem a importância disso.

Como você pode garantir que a mensagem que transmitiu é exata?

A principal maneira de eu saber que transmiti uma mensagem exata é pedir à pessoa que me confirme as informações. Isso é de fato com ela, porque eu não conheço a alma que está transmitindo a mensagem, por isso ela não faz sentido para mim. Eu só repito o que ouço. Existem ocasiões, no entanto, em que eu *sinto* a mensagem e sei que ela é absolutamente exata. Nesses casos, eu ponho a minha mão no fogo. Mesmo que a pessoa para quem estou fazendo a leitura não possa confirmá-la, eu lhe digo para guardar a informação com ela, tomar nota por escrito e pensar a respeito mais tarde. Muitas vezes, quando uma pessoa está recebendo uma mensagem, é como se o cérebro dela congelasse e ela não conseguisse pensar; isso acontece até mesmo quando a mensagem procede de alguém que ela conhece muito bem. Para a maioria das pessoas, uma leitura mediúnica não é um fato a que estejam acostumadas, por isso pode deixá-las nervosas.

Você já recebeu uma mensagem errada?

Seria muito narcisismo da minha parte dizer que nunca recebi nenhuma informação errada. Eu não ouço palavras ou uma voz, eu ouço *pensamentos*. Às vezes, o pensamento é claro e outras vezes não é. Às vezes eu consegui captar um nome, outras vezes só uma letra. Só Deus é perfeito.

Como você lida com os céticos?

Eu compreendo quando uma pessoa é cética. Não ligo se uma pessoa não acredita em mim, o que me deixa muito chateada é não ser respeitada como pessoa.

Eu me lembro, há muito tempo atrás, de um homem que chamarei de George; além de cético ele era também desrespeitoso. Ele realmente me incomodava. Entrou no meu consultório e disse, "Isso é pura bobagem, mas as minhas filhas insistiram para que eu viesse". Ele se sentou e eu tentei a conexão com a mulher dele e com a mãe. Dei a ele os nomes delas, detalhes das suas vidas, etc. Ele disse, "Ah, qualquer um podia ter descoberto isso. Isso é uma bobagem". Hoje eu provavelmente diria, "Tudo bem, obrigada por vir". Mas eu era jovem e queria provar a esse homem que eu realmente estava conectada com a mulher dele e com a mãe, por isso eu lhe perguntei o que eu poderia dizer para convencê-lo. Ele disse, "Diga-me qual é a minha profissão". Eu perguntei à esposa dele e disse, "A sua mulher me disse que o senhor tem cavalos de corrida, mas sempre quis vender carros". E ele vociferou, "Não, eu vendo carros, mas sempre quis ter cavalos de corrida". Eu falara o inverso. Então eu disse, "Tudo bem, mas não vê que a resposta foi dada?" Ele se recusou a se dar por vencido e ainda saiu dizendo que tudo era uma bobagem. Lembro-me de que fiquei com vontade de bater nele, mas hoje considero essa leitura uma das minhas favoritas. Ela me ensinou que sempre existirão pessoas céticas. Eu poderia ter dado a George a senha para abrir um cofre, e mesmo assim ele não acreditaria. Às vezes, você precisa aprender a dizer "Dane-se" e virar as costas.

Em outro caso, uma mulher que havia perdido o marido estava com dificuldade para superar a perda. A filha dela, tentando ajudá-la, marcou um horário comigo. Mas ela não acreditava em médiuns. Não acreditava no Outro Lado. Ela só achava que o marido tinha sido levado para sempre. A mulher disse à filha que não queria vir. A filha foi esperta e não a pressionou. Ela disse, "Tudo bem, mãe. Você não precisa decidir agora. Tem um ano e meio para decidir se quer ir ou não". (As minhas consultas particulares têm uma fila de espera de anos agora.) De vez em quando, a filha perguntava para a mãe se ela havia mudado de ideia, e ela sempre dizia que não. Então, uma semana antes da consulta marcada, ela estava no trabalho, sozinha, tomando café no refeitório. O cômodo tinha só algumas cadeiras e uma mesa, onde ficavam algumas revistas e jornais que as pessoas deixavam ali para que outras lessem. Não havia janelas, nada que pudesse justificar uma brisa. De repente, ela ouviu atrás dela um barulho. Quando se virou, viu que a pilha de revistas tinha caído no chão — sem nenhum motivo aparente. Ela se abaixou para pegá-las e viu a capa da revista que estava sobre a pilha. Por acaso era uma publicação local, que tinha se aberto na página de um artigo cujo título era, "Concetta Bertoldi: A Dama dos Bosques". Coincidência? Eu acho que não. Essa mulher cética tornou-se totalmente crédula dali em diante. Desnecessário dizer que ela foi à consulta e se sentiu, acho eu, muito confortada ao saber que o marido ainda estava por perto (perto o suficiente para derrubar pilhas de revistas!).

Os sistemas de crença das pessoas são difíceis de mudar. Eu não quero mudar as crenças de ninguém, pelo menos não a ponto de fazê-las gostarem de mim ou acreditarem no que eu falo! Eu simplesmente quero ajudar as pessoas a expandir o seu conhecimento para incluir a realidade da vida após a morte. Existem céticos que parecem gostar de debater esse tópico e Eles têm me ajudado a me tornar mais tolerante e compreensiva. Um dia, os céticos passarão para o Outro Lado e, então, tudo ficará claro para eles. Eles não poderão mais negar a verdade. Quando eu comecei a fazer leituras, tinha medo de que as pessoas não acreditassem em mim ou me humilhassem. Mas agora tenho autoconfiança suficiente para não deixar que isso me aborreça.

Se de fato existem médiuns, por que eles não nos avisam sobre as catástrofes globais?

Bem, alguns avisam. O problema é saber com exatidão quando elas acontecerão. Simplesmente não conseguimos informações exatas a respeito disso, porque o tempo do Outro Lado, de onde veem essas informações, é muito diferente. Não podemos fazer uma previsão *exata* de quando a catástrofe acontecerá, e até mesmo o tipo de desastre fica aberto à discussão.

O que você faz quando vê ou ouve coisas negativas vindas do Outro Lado?

Eu na verdade não recebo muitas mensagens negativas. A menos que alguém esteja gravemente enfermo ou já tenha muita idade, esse tipo de mensagem não é comum. Às vezes, pessoas doentes ou moribundas me procuram e eu sei que elas vão morrer. Eu nunca digo, mas às vezes elas me perguntam, "Quanto tempo eu ainda tenho?" E digo a elas a verdade. Posso dizer, "Eles estão me dizendo que não lhe resta muito tempo. Você deve fazer o que tem vontade". Numa ocasião dessas, alguém pode me dizer que o médico lhe deu três meses de vida e eu posso ouvir uma coisa diferente e dizer, "Nada disso. Você vai viver mais tempo. Pelo menos é isso o que Eles estão me dizendo". Eu tento falar disso da maneira que seja mais compreensível para a pessoa que está ouvindo, mas sempre digo a verdade. Devo isso aos meus clientes.

Algum dia você já previu que alguém iria ser atingido por um ônibus?

As pessoas às vezes me perguntam esse tipo de coisa. Como "Eu vou viajar de avião, não voo há muitos anos, o avião vai cair?" Ou dizem, "Existe algo que eu precise saber? Vai me acontecer algo ruim? Os espíritos sabem de alguma coisa?" Isso não é o tipo de coisa que Eles costumam me dizer, pois há coisas que não devemos saber. Algumas Eles podem divulgar, outras não. É muito individual, acredito que tenha algo a ver com o propósito da alma e também com o livre-arbítrio. Se lhe derem a resposta do seu teste, você não aprende nada. Às vezes eu posso "sentir" que algo é seguro e então digo, "Eles estão me dizendo que você estará em segurança, portanto, vá e se divirta!"

Eu aprendi muito cedo que é preciso ter cautela com o que se diz. Uma vez eu fiz uma leitura para uma senhora que me perguntou, "Os meus filhos estão em segurança?" Eu vi fogo. Disse, "Eu não vejo uma casa, mas vejo uma pequena chama e Eles estão me dizendo para que vigie a sua filha". Ela ficou muito contrariada, como se fosse muita *ousadia* minha dizer isso a ela. Como ela poderia proteger a filha se não sabia exatamente o que ia ocorrer ou quando? Quero dizer, ela me perguntou; como eu ia saber que ela, na verdade, não queria saber? Acho que, na opinião dessa senhora, além de falar com os espíritos, eu deveria ler mentes também. Mas no verão seguinte ela me escreveu uma carta, dizendo que a família estava fazendo um churrasco, o marido estava na churrasqueira, conversando distraído com a filhinha ao lado, quando o fogo se alastrou pela grelha e as chamas se espalharam. Ela gritou, "Tony" e o pai se virou e empurrou a garotinha para longe do fogo. Ela disse que lamentava muito a maneira como tinha me tratado no dia da consulta. Isso fez com que eu me sentisse melhor, mas, mesmo assim, aprendi a lição. Tenho sempre em mente que eu não sou Deus. É muita pressão.

Eu acho que os avisos são o tipo de mensagem mais sujeito a distorção. Eu realmente ouço alertas relacionados a mim e sei que preciso evitar alguns pontos perigosos e prestar atenção. Mas John tinha mais dificuldade para ouvir os avisos que partiam do Outro Lado. Um dia, quando ele estava indo para o trabalho, eu tive uma visão dele com problemas no freio e pedi que não dirigisse a sua picape. Ele discutiu comigo, dizendo que não dava ouvidos para esse tipo de aviso. John realmente teve problemas com o freio da picape, mas não mencionou que isso era parte da razão por que ele não acreditara no que eu dissera. Se tivesse me contado, eu poderia ter compreendido melhor o significado da visão. Aquela noite, ele voltou do trabalho para casa branco como cera e me disse, "Por que você não me disse para não dirigir a picape do meu *irmão*?" Descobri que, embora tivesse discutido comigo, ele pensara a respeito do que eu dissera e levara a coisa a sério. Decidiu deixar a sua picape na garagem e ir trabalhar com a do irmão. E ficou sem freio. Agradeço a Deus por ele não ter se ferido.

Como podemos tirar proveito das mensagens que recebemos de um médium? Se recebemos uma mensagem dirigida a outra pessoa, como podemos contar a ela sem que todo mundo pense que estamos loucos ou sem preocupar a pessoa?

Eu acho que é preciso analisar cada situação isoladamente. Eu nunca recomendo que se diga a uma pessoa nervosa algo que pode deixá-la angustiada. Para quê? Se você acha que pode comunicar uma mensagem de uma maneira que a pessoa aceite e aprecie, comunique-a, custe o que custar. Mas os espíritos não estão interessados em provocar um choque de valores. Muito embora Eles queiram estar próximos a nós, entendem quando a própria existência deles, como espíritos, é algo que a pessoa tem dificuldade para aceitar. Eles nos transmitem mensagens para nos confortar ou tranquilizar. Só nos transmitem notícias que podem parecer levemente negativas aos nossos olhos quando querem nos alertar sobre uma situação ou se alguém está num relacionamento que pode sair do controle, mas só fazem isso para nos oferecer apoio num momento difícil que já seja do conhecimento da pessoa.

Um médium sabe quando uma pessoa está mentindo? Os espíritos sopram no seu ouvido e ajudam você a ler pensamentos?

Eu não quero assustar ninguém, mas, sim, até certo ponto eu posso ler pensamentos. Mas, se pensar sobre isso, vai ver que você também pode. Às vezes os espíritos de fato sopram no meu ouvido, mas *todos* nós temos um detector de mentiras acoplado. Ele só é mais sensível em algumas pessoas. Estou falando sério, você não sabe que alguém está mentindo quando diz, "Você está com uma aparência ótima", no dia em que, depois de passar a semana doente, passou a noite em claro, está vestindo *jeans* e a parte de cima do pijama e está com a aparência de quem foi arrastada pelos cabelos para fora de um arbusto do quintal? Eu prefiro que me digam, "Concetta, você não está nada bem hoje, garota!"

Ou não me diga que você nunca teve um pressentimento ruim com relação a alguém, que faz com que você não confie nessa pessoa apesar do sorriso estampado no rosto dela? Talvez por nenhuma razão aparente ela me faça sentir arrepios na espinha. Ou talvez você esteja na companhia do seu namorado ou namorada e um de vocês diz alguma coisa e o outro comenta, "Nossa, eu estava justamente pensando nisso!" Todos esses são exemplos comuns de "leitura de pensamentos", e todos nós somos capazes de fazê-la. No entanto, eu sei que em mim isso é mais desenvolvido do que nas outras pessoas. Vem com o pacote — eu tenho, entre outras coisas, uma sensibilidade profunda com respeito ao que as outras pessoas sentem ao meu respeito. Nesse ponto, eu consigo acertar na mosca!

Por exemplo, eu me lembro da época em que John e eu nos mudamos para a nossa casa em Boonton. Eu fazia algumas leituras na época, mas ainda não era conhecida, por isso não tinha um consultório e não recebia pessoas em casa regularmente. Estávamos na fase de consertar a casa, reformar coisas de que realmente não gostávamos quando a compramos. Havia uma lareira de embutir de que eu não gostava muito e resolvemos pôr um anúncio no jornal para vendê-la. Não demorou muito até que aparecesse um homem para olhar a lareira; ele disse que a levaria, mas tinha que voltar no dia seguinte com a picape.

Esse homem me dava arrepios. Existia alguma coisa nele que fazia soar todos os meus alarmes internos. Ele disse que me ligaria no dia seguinte, por volta das nove e meia da manhã, e que provavelmente chegaria com a picape ali pelas dez e meia. Eu sabia que John tinha que ir para o trabalho pela manhã, mas disse a ele que o homem me deixará inquieta e John então disse que eu não me preocupasse, porque ele voltaria para casa ali pelas dez e meia e cuidaria da venda da lareira.

Nessa noite, John e eu tivemos um compromisso e chegamos em casa tarde. Eu ainda estava na cama, no dia seguinte, ali pelas oito horas, quando ouvi um barulho alto, como se algo tivesse sido atirado na minha mesinha de cabeceira. Então eu ouvi a voz do meu irmão dizendo, "*Levante-se, levante-se!*" Pulei da cama, olhei pela janela e vi aquele homem, duas horas antes do combinado, me pegando em casa sozinha, de pijama. Pensei, "Ai, meu Deus. O que eu faço agora?" Mas, na mesma hora, vi John saltando da picape, indo na direção do homem, tratando da venda e despachando-o de casa. Nesse caso, todos nós trabalhamos juntos: o meu sexto sentido, a intuição de John, indo para casa mais cedo do que o combinado, e Harold, do Outro Lado, me acordando. Eu suponho que você diga que as provas contra o homem eram circunstanciais, mas eu não espero provas quando tenho um pressentimento como esse.

O médium pode usar a sua capacidade para propósitos que não sejam muito louváveis? O Outro Lado pode, por exemplo, cooperar caso ele queira espionar alguém?

Só posso falar por mim mesma, pois não sei que tipo de relacionamento os outros médiuns têm com os espíritos do Outro Lado. Pelo que eu sei e sinto, enquanto usar a minha capacidade para o bem, Eles me ajudarão. Se eu tentar usá-la por ganância ou interesses egoístas, acho que Eles me deixarão. Creio que o Outro Lado está consciente de que, aqui, no mundo material, precisamos ganhar a vida e não acho que Eles se importem com isso. Mas também tento encontrar um equilíbrio. Tento retribuir. Não se trata de uma barganha, do tipo, "Eu lhe dou isso se você me ajudar naquilo". É o que eu sinto que seja a coisa certa a fazer. Tenho uma vida abençoada e não gosto de tirar vantagem de coisa nenhuma. Outro médium poderia usar a sua capacidade para tirar vantagem ou fazer algo que não seja para o bem? Eu não sei. Só posso falar por mim.

Que tipo de mensagem é mais comum, principalmente nos casos em que a pessoa não a procura com uma determinada pergunta na cabeça?

Na grande maioria das leituras mediúnicas, o espírito ou espíritos que se conectam comigo transmitem mensagens de amor. Tenham sido ou não capazes de expressar esse amor em vida, é isso o que Eles sentem por nós. Muitas vezes, Eles desejam a alguém feliz aniversário, mostram-me que a pessoa acabou de aniversariar ou fará aniversário nos próximos dias. Eles podem dizer o quanto se sentem orgulhosos de alguém — um filho, uma filha ou neto —, que fez algo de bom, seja nos estudos ou no trabalho, ou simplesmente por ser uma pessoa maravilhosa. Eles se orgulham de nós quando cuidamos uns dos outros e somos gentis com as outras pessoas, tentando ajudar de algum modo. Assistem ao progresso que temos, as vidas que transformamos.

Às vezes, também surgem avisos. Já recebi muitos espíritos que me pediram para dizer a um membro da família, "Pare de fumar!" ou Eles podem sentir que a família está sendo muito dura com uma criança porque não a compreendem e Eles se preocupam. Dirão, "Deixe a criança em paz" ou "Não é o que vocês pensam". Coisas assim.

Em alguns casos, as pessoas deste lado não conseguem superar a dor de perder um ente querido. Elas simplesmente se recusam a seguir em frente. Essa é uma escolha que estão fazendo, mas talvez não se deem conta disso. Elas se recusam a optar pela vida. O que muitas dessas pessoas pensam é que, se continuarem a viver e forem felizes, estarão insultando a pessoa que partiu. Isso não é o que os nossos entes queridos querem para nós! Podemos amá-los e nos lembrar deles e, mesmo assim, continuar com a nossa vida e viver momentos de alegria deste lado. Isso é o que Eles querem para nós — Eles não se beneficiam em nada com a nossa infelicidade e, definitivamente, querem nos comunicar isso.

Na maioria dos casos. Só querem que os seus entes queridos aqui na Terra saibam o quanto ainda são amados pelos que já partiram.

Em todas as leituras mediúnicas você faz previsões?

Para ser franca, tenho que dizer que nem sempre. Mas isso realmente depende das perguntas que o cliente faz. Às vezes — com muita frequência — o cliente só quer fazer uma conexão. Mas outros podem querer saber, "Eu vou me casar?", "Terei um bebê?" Esse tipo de previsão é muito comum e muitas vezes são proporcionadas pelos espíritos sem que ninguém peça. Eles também dizem quando o meu cliente tem uma saúde boa e vai ter vida longa — uma previsão mais geral, mas certamente valiosa. Ou, se sabem que a pessoa vai viajar, dizem que ela fará uma viagem segura. Isso pode evitar muita preocupação. Ou podem dizer, "Você vai ter gêmeos" e aposto que isso vai *causar* muita preocupação!

As previsões que você faz sempre se confirmam?

Coloquemos *deste* modo: eu acho que as previsões sempre têm possibilidade de ocorrer, mas também precisamos levar em conta o livre-arbítrio. Se um espírito diz que vamos nos casar, você pode apostar que existe alguém esperando por nós nos bastidores. Mas nós, seres humanos, temos uma capacidade enorme de atrapalhar tudo — mesmo o que queremos muito. E também cometemos o erro de pensar que as previsões vão acontecer da maneira que esperamos. Talvez uma jovem que esteja saindo com um rapaz há muito tempo me peça para perguntar a avó falecida se ela vai se casar. Eu lhe digo, "Vovó disse que sim". Mas então ela é o namorado (ou noivo) rompem o relacionamento. Então ela pensa, "Aposto que Concetta Bertoldi disse que sim só para se ver livre de mim!" Mas então ela encontra outro homem e fica caidinha por ele e acabam se casando. Vovó estava certa. Eu estava certa. Ponto para nós!

Quanto tempo demora para uma previsão acontecer?

Simplesmente não existe uma resposta para isso. Às vezes uma previsão se cumpre no ato e às vezes leva anos. As peças estão todas lá, mas precisamos estar preparados. Precisamos ter cuidado para não nos autossabotarmos. Precisamos ter mente aberta e não tentar interferir nos acontecimentos de acordo com as nossas elucubrações, que muitas vezes podem estar erradas.

Tenha em mente que o tempo não significa nada do Outro Lado. Deste lado, somos limitados pela extensão da nossa vida terrena ou pelas capacidades do corpo humano. Se a previsão diz que você vai ter um bebê, se você for uma mulher, isso normalmente tem que acontecer antes que tenha muita idade, mas até isso está mudando, com os grandes avanços da medicina na área da fertilidade. Se a previsão é a de que nos apaixonaremos e casaremos, *isso* pode acontecer quando estivermos cantando ao lado do piano, num asilo. No entanto, normalmente costuma acontecer antes disso!

Você se lembra das leituras mediúnicas que faz?

Não, nunca me lembro. Em primeiro lugar, estou num estado subconsciente, por isso é como um sonho que a gente tem e não faz muito sentido, por isso não consegue se lembrar direito. Ou talvez um jeito ainda melhor de descrever isso seja dizer que a leitura se parece com aquelas ocasiões em que só ouvimos metade de uma conversa. No momento em que está ouvindo, aquilo pode diverti-lo e despertar um pouco de curiosidade, mas você logo se esquece da conversa completamente, porque não conhece as pessoas e o assunto não lhe diz respeito. Nós realmente só nos lembramos daquilo que tem alguma relação conosco. O que acontece com muita frequência é a pessoa que recebe a leitura me lembrar de algo que eu disse. Eu tenho muitas boas histórias com relação a isso! Às vezes, os meus clientes me contam coisas, durante a consulta, logo após a leitura, quando eu volto à consciência normal; ou muitas vezes recebo cartas dessas pessoas a quem fiz leituras. Dessa maneira, a mensagem mais particular acaba me sendo transmitida, em vez de ser algo que eu apenas ouvi de passagem.

Você já foi a funerais?

Bem, já fui, mas é de fato bem difícil para mim. Eles me parecem bem pesados. Não gosto de ver cadáveres. Sei que isso pode ofender algumas pessoas, mas para mim um corpo numa caixa não passa de carne em decomposição. Não é a pessoa, a alma que era a pessoa já se foi. Os funerais também são muito barulhentos para mim. Muitos parentes aparecem na cerimônia porque sabem que vão encontrar a família toda lá — para Eles é como ir a um churrasco na casa de um parente ou numa reunião de família qualquer. Mas a presença de todos aqueles espíritos é simplesmente demais para mim.

Os espíritos assistem ao seu próprio funeral?

Claro que assistem. Mas não é para saber quem foi e quem não foi ou para ter certeza de que disseram coisas bonitas a respeito deles. Eles só querem estar perto da família. Uma das primeiras coisas que ouvimos quando morremos é: *nunca nos separaremos daqueles que amamos*. Nunca. Sempre poderemos

– 143 –

estar com os nossos entes queridos, literalmente, em espírito. Qualquer reunião de família, e Eles estão lá. Se for ou não um funeral é irrelevante. Eles só estão lá porque gostam de estar na nossa companhia.

Os espíritos ficam aborrecidos se não choramos nos funerais?

Não, não ficam. Leia a pergunta anterior. Os espíritos não estão sentados numa nuvem olhando para baixo e nos julgando — "Bem, aposto que agora vou *realmente* saber o que ela sentia por mim". Ou, "Cara, aposto que ele vai me esquecer muito rápido!" Eles querem que sejamos felizes. Tenho certeza absoluta de que, se um viúvo aparecer no velório da falecida esposa levando a namorada secreta a tiracolo, isso será *apreciado*. Eu não sei se esse sujeito poderia de fato dizer, "Isso é o que a minha esposa gostaria de ver", mas mesmo algo assim os espíritos entenderiam — Eles sabem as razões que levaram ao seu próprio casamento e ao novo relacionamento, do ponto de vista kármico. Mas, não, lágrimas não são necessárias. Na verdade, ocorre o contrário. Eles preferem muito mais sorrisos e risadas.

Existe algo que os espíritos gostariam que fizéssemos num velório, num funeral ou numa missa de sétimo dia?

Sim, na verdade, existe. Eles gostariam que voltássemos a sorrir o mais rápido possível. Querem ser lembrados com felicidade. Realmente detestam causar a tristeza de alguém. Uma despedida alegre, tenho certeza, lhes agradaria muito mais. Veja Tammy Faye Bakker* — ela conseguiu. Era uma boa mulher que fez o melhor possível e sabia onde queria chegar. Não queria ninguém triste no seu funeral; queria uma celebração. Ela disse ao marido que queria balões e o marido encheu a igreja de balões! No entanto, eu sou humana, entendo que nem sempre é fácil.

---

* Ex-missionária evangélica que teve uma enorme influência graças a um programa de TV.

Você já conseguiu desligar o "falatório" dos espíritos?

Não completamente; eu os ouço o tempo todo. Mas é mais ou menos como andar de ônibus, onde existem pessoas à sua volta nos outros assentos, mas talvez elas não estejam falando o tempo todo. Eu simplesmente não tenho muito controle sobre quando uma conversa pode se iniciar. Vivo o tempo todo com a sensação de que sei um segredo que ninguém mais sabe. Não que eu pense nisso, eu me pergunto se isso é como estar grávida e ter sempre outra pessoa com você, se comunicando.

Em todo caso, muitas vezes fui acordada durante a noite por um espírito ou vários — às vezes é como se tivesse uma festa acontecendo. Numa ocasião, eu tinha uma consulta marcada com um homem no dia seguinte (ele era cético, mas não a ponto de ser desagradável) e eu tinha um palpite de que o pai dele ia querer se comunicar. Esse espírito me procurou aquela noite e se apresentou. Mas a história não terminou aí. Ele tinha uns amigos que queria que eu conhecesse e me apresentou *todos* eles. Então disse, "Quando falar com o meu filho, mencione os óculos. Ele vai saber do que estou falando". Com todas aquelas pessoas que ele queria me apresentar, mal dormi aquela noite. No dia seguinte, quando o filho dele chegou para a leitura, eu disse, "O seu pai me manteve acordada a noite toda ontem. Ele queria me apresentar todos os seus amigos. Tinha uma turma de bons amigos?" O rapaz ficou impressionado. Ele contou que o pai realmente tinha um grupo de amigos de infância, quase todos falecidos. Eles se encontravam regularmente para jogar cartas ou conversar. Eu disse, "Bem, o seu pai não mudou muito e você vai ficar satisfeito de saber que a festa continua". Então acrescentei, "Ele me pediu para mencionar os óculos. Você sabe do que ele estava falando?" O rapaz exclamou, "Ai, meu Deus, eu descobri um velho par de óculos num brechó alguns anos atrás que eram exatamente iguais aos que ele usava. Mandei colocar lentes de grau nesses óculos e os usei por alguns anos. Por fim, eles se quebraram e eu os guardei numa gaveta. Uns dois dias atrás, eu topei com eles dentro da gaveta, tirei-os dali e disse à minha mulher, "Eu gostaria de ter óculos como esse outra vez, mas tenho certeza de que nunca encontrarei armações iguais". Eu não acredito que esse homem volte a ser um cético.

Também vejo fantasmas de tempos em tempos e posso dizer que, se você quer ter um ataque cardíaco, não há nada melhor do que acordar e ver no seu quarto alguém que não deveria estar ali. É claro que, sempre que acordo, acordo *John* também e peço que vá ver quem é dessa vez, dentro do armário ou no corredor — o que é ridículo, porque John não vê espíritos e não gosta nem um pouco de perder o sono por causa de algo em que nem acredita. Ele finalmente se cansou disso e colocou um sofisticado sistema de segurança na nossa casa. Nós sempre o ligamos quando vamos para a cama, por isso, se eu acordo e vejo alguém no quarto embora o alarme não tenha tocado, sei que é alguém morto e simplesmente viro para o lado e volto a dormir.

Como você consegue dormir depois de ser acordada por um espírito?

Acho que é porque estou acostumada. Às vezes Eles podem me incomodar, mas não tenho medo deles, mesmo quando me fazem pular ou gritar de susto. Ou, como acontecia antes do sistema de alarme, se eu não tenho certeza de que se trata de um espírito, posso me assustar. Falando em dormir, não sei se Eles não têm noção de tempo ou um senso de humor extravagante, porque parecem adorar me impedir de dormir. Mesmo quando o tempo está quente, eu preciso dormir com algum tipo de coberta, porque Eles gostam de me chamar tocando em mim ou batendo no meu braço de leve. Uma noite apareceu um espírito que ficou mexendo com os meus pés, beliscando os meus dedos. Eu fiquei realmente irritada e puxei os lençóis sobre a cabeça e disse, *"Quer parar com isso?"* Depois disso não senti mais nada e consegui dormir. Mas Eles não se cansam de mim...

Sou uma pessoa muito organizada e tenho plena consciência de algumas coisas. Por exemplo, os meus chinelos. Sempre os deixo ao lado da cama, juntos, numa posição que me permita calçá-los assim que me levantar. Bem, na manhã seguinte, eu me levantei e os meus chinelos não estavam no lugar onde eu os havia deixado. Numa ocasião ou outra, John pode andar pelo quarto e chutar um deles sem querer, tirando-o do lugar, mas neste caso os dois chinelos tinham simplesmente desaparecido. Eu vasculhei o quarto de cima a baixo. Por fim, localizei-os — embaixo da minha mesa de cabeceira. Não havia como os chinelos terem parado ali acidentalmente. A mesa é tão grande e pesada que eu tive de arrastá-la para longe da parede para entrar atrás dela e resgatar os chinelos. E os dois chinelos estavam juntinhos, perfeitamente paralelos à parede. Quando afastei a mesa para pegá-los, fiquei surpresa por não ouvir nenhum espírito rindo da minha cara!

Você não se incomoda de ter espíritos no seu quarto o tempo todo? Como aprendeu a ficar tão indiferente a isso?

Eu sempre me surpreendo com a frequência com que me perguntam isso. As pessoas se preocupam tanto com inibições, especialmente com as relacionadas ao corpo! Elas não compreendem que os espíritos não estão nem aí. Do modo como costumamos pensar nessas coisas, o assunto não é nem registrado por Eles. Eles não ficam espiando e comentando, não dão a mínima se temos um corpo de violão ou estamos cobertos de celulite. Pense, Eles estão no paraíso! Deus colocou Adão e Eva no paraíso usando um *jeans* da Guess? Não que eu me lembre. E até onde eu sei, Eles não estão aqui para julgar desempenho e nos pontuando de acordo com o "nível de dificuldade".

Eu não acho que esteja fazendo grande coisa pelo fato de não me incomodar com a presença deles no meu quarto ou no banheiro. Talvez eu seja simplesmente assim. Sou muito tranquila com relação a esse tipo de coisa. Quero dizer, eu não vou à praia nua. Mas também não ligo se alguém me vir de biquíni e achar que pareço gorda. Simplesmente não ligo para isso.

Como os espíritos nos observam se Eles não são físicos e não têm olhos?

Para ser honesta, não posso explicar isso de um jeito científico. Talvez o melhor jeito de explicar seja dizer que Eles nos *percebem*, estão *conscientes* da nossa presença, dos nossos pensamentos, dos nossos atos. Não é como se estivessem nos espiando; acontece simplesmente que Eles são energia e essa energia abrange tudo.

Se uma pessoa faz várias leituras mediúnicas, ela recebe informações diferentes a cada vez? É melhor fazer um intervalo entre as nossas comunicações com o Outro Lado?

Ah, claro que haverá mensagens diferentes, junto com outras que serão iguais. Em quase todas as leituras, Eles nos transmitem mensagens de amor, e esse tipo de mensagem provavelmente não muda de uma hora para outra. Mas os espíritos estão completamente atualizados com relação ao nosso mundo. Veem tudo, portanto, evidentemente, não dirão sempre a mesma coisa. À medida que progredimos na vida, surgem informações novas. Mas eu não sugiro mais do que uma leitura por ano. Dessa maneira, elas continuarão sendo interessantes.

> Você já se preocupou com a possibilidade de os seus clientes ficarem viciados nas leituras mediúnicas e usarem a comunicação com o Outro Lado como uma maneira de fugir da própria vida?

Isso de fato acontece e eu procuro não encorajar esse tipo de comportamento. Podemos ficar viciados em praticamente qualquer coisa, inclusive em leituras mediúnicas. Estamos aqui para vencer desafios, aprender, passar por testes. Não podemos procurar um médium para obter a resposta para os nossos testes, assim como não podemos confiar num terapeuta para resolver a nossa vida ou depender de um amigo para nos dizer o que pensar ou fazer. Eu acho que todos eles estão na mesma categoria — médiuns, terapeutas e amigos —, embora tenham obviamente as suas diferenças. Todos eles podem ser consultados, quando necessário, mas depender demais do conselho deles simplesmente não é saudável.

Os espíritos sabem dos nossos amores futuros?

De todas as perguntas que me fazem, as mais frequentes são "Vou me casar?", "*Quando* vou me casar?" e "Com *quem* vou me casar?" (Essa última nem sempre dá para responder, sinto muito!) Os bebês ficam em segundo lugar, mas chegamos neles depois... Voltando à pergunta, sim, Eles sabem. Numa das festas particulares que eu faço para grupos pequenos, uma das mulheres me disse que já havia se consultado comigo antes e que eu lhe dissera que ela se casaria com um homem chamado James ou qualquer nome com J, e que eles se conheceriam por intermédio de alguém chamado Al. Ela não acreditou, pois não conhecia ninguém com esse nome. Então, posteriormente, uma amiga dela morreu e, no velório, ela conheceu um homem chamado Allen, que tinha outro amigo que também havia morrido. Por causa dessa ligação, eles mantiveram contato e ela começou até a fazer amizade com outras pessoas que Allen lhe apresentara — uma delas era James, e eles *de fato* começaram a sair.

Em outro caso, a minha assistente, Elena, estava saindo com um rapaz de quem gostava muito, mas eu ouvi, do Outro Lado, que esse não era o homem certo, pois ela encontraria outro e se casaria dentro de doze — que eu achei que se tratava de doze meses (embora pudesse ser doze semanas ou até dias). Ela não acreditou em mim, mas foi justamente isso o que aconteceu.

Eles sabem com quem nos casaremos?

Não nos esquecendo de que todos nós temos livre-arbítrio, pode-se dizer que Eles de fato têm uma ideia a respeito disso e muitas vezes nos dão até um nome.

No meu caso, eu tinha 28 anos e não pensava em me casar com alguém divorciado e com dois filhos, mas, quando encontrei John, Eles me disseram que ele era o "cara". Não pensei muito nisso, o relacionamento era muito recente e, embora já tivessem me avisado que eu não teria filhos, eu ainda não tinha aceitado muito bem essa ideia, por isso não procurava alguém que já tivesse filhos. O relacionamento não foi um mar de rosas, principalmente nos primeiros dez anos. Mas eu posso dizer com franqueza que, quando analisei o quatro todo, percebi que John era definitivamente o par certo para mim.

Às vezes, os espíritos nos dão mais conselhos do que achamos que queremos, mas precisamos confiar que Eles têm as melhores intenções. Alguns anos atrás, eu contratei uma profissional que tinha a reputação de ser uma boa decoradora. Kim e eu ficamos amigas enquanto ela trabalhava na minha casa e, quando ela soube o que eu fazia, mostrou-se cética mas curiosa. Decidiu marcar uma consulta, que na época só tinha uma lista de espera de cinco meses. Quando fiz a leitura, o pai dela se apresentou e imediatamente mencionou que ela sofria agressões do marido há muitos anos e precisava reunir coragem para deixá-lo. Por sorte dela, Kim levou o conselho do pai muito a sério. No fundo, ela sabia que o pai estava certo e ela conseguiu pedir a ele que lhe desse forças para acabar com o casamento. Foi a segunda parte da leitura que ela realmente não ouviu. Depois de 21 anos de um relacionamento ruim, Kim não quis acreditar que ela se casaria novamente. Quando o pai lhe assegurou de que ela voltaria a se casar — e desta vez seria feliz —, ela ficou realmente brava. Eu tenho certeza de que isso lhe pareceu mais com um conto de fadas, como se eu estivesse lhe dizendo apenas o que ela gostaria de ouvir. Mas, oito meses depois, a previsão do pai se concretizou. O segundo marido de Kim tinha uma história conjugal parecida, por isso eles souberam compreender um ao outro. Eu me senti muito honrada quando Kim e o marido me pediram uma leitura no dia do casamento; e desde esse dia eles vivem muito felizes.

O Outro Lado pode conspirar para que um casal se encontre?

Eles de fato nos ajudam nas coisas do amor. Colocam no seu caminho pessoas que acham que serão maravilhosas para você, mas a escolha é sempre sua. Você pode aceitar ou não. Vivemos numa sociedade que dá muito valor à "embalagem", por isso acho que alguns relacionamentos nunca decolam por causa de motivos muito superficiais. Nós diremos, "Essa pessoa simplesmente não me atrai", mas a atração depende de muitas coisas, não só da aparência. Se estivermos fazendo um julgamento precipitado com base apenas na roupa, no sapato, no estilo de cabelo, qualidades muito mais importantes não serão nem levadas em conta.

Já ouvi muitas histórias de clientes cujo cônjuge morreu e que depois encontraram outra pessoa também viúva e, quando começaram a conversar sobre os seus parceiros falecidos, descobriram todo tipo de ligação estranha, coisas malucas que tinham em comum. No meu modo de ver, isso acontece porque os dois cônjuges se encontraram do Outro Lado e planejaram como fariam para aproximar os dois viúvos. Ou talvez isso seja obra de outro membro da família. Realmente funciona desse jeito. Eles de fato querem que sejamos felizes!

Os espíritos podem nos ajudar a não cometer um erro num relacionamento?

Claro, mas na maioria dos casos Eles não interferem. Estamos aqui para cometer os nossos próprios erros e aprender com eles. Alguns de nós são sensatos o bastante para consultar os seus guias espirituais e ouvir a "intuição". Eles tentarão nos dar sinais, mas na maior parte do tempo, compreenderão que precisamos passar por certas experiências para que possamos nos beneficiar das lições que elas nos ensinam. Por exemplo, eu uma vez saí com um rapaz muito atraente, mas extremamente simplório. Ele não me ouvia e era totalmente fechado para o mundo espiritual. Os espíritos me disseram que ele não era homem para mim, mas esse relacionamento me ensinaria uma lição (e talvez também a ele). Tudo bem, foi isto o que eu aprendi: alguns homens com traseiros perfeitos não são nada além disso, traseiros perfeitos.

Nós encontramos as pessoas por alguma razão, um laço de amor pode ter razões kármicas, e Eles *não* nos pouparão dessas experiências.

Os parentes falecidos do meu
ex-marido sabem que ainda
sou caidinha por ele?
Eles lhe contarão, quando estivermos
do Outro Lado, que fiquei
três anos pensando nele?

Claro que sabem. Mas não terão que contar a ele, depois que estiver lá, pois ele saberá por si mesmo. Ele entenderá a ligação que vocês tinham. O encontro entre vocês e o rompimento, ambos aconteceram por razões kármicas. O relacionamento tem a ver com o destino individual de vocês dois, encenado no campo do livre-arbítrio. As suas raízes estão no passado, mas deste lado você não vai ouvir, "Eu tive que deixar você porque na vida anterior você me ludibriou nos negócios". Você ouvirá, "Eu deixei você porque era irritante demais, não fechava a boca um minuto!" No fundo do coração, você sabe as razões verdadeiras, mas não tem acesso a elas conscientemente, muito embora elas exerçam uma grande influência sobre o seu comportamento.

Existem de fato almas gêmeas?

Eu definitivamente acredito em almas gêmeas. Mas a maioria das pessoas tem uma ideia equivocada do que elas sejam. Já tivemos um relacionamento no passado com todas as pessoas da nossa vida, mas foram relacionamentos de natureza diferente — por exemplo, você pode ter sido a mãe da sua mãe, ou o seu irmão nesta vida pode ter sido o seu pai na vida anterior. Eu sei que, na minha vida passada, fui casada com o meu pai. Tenho certeza absoluta disso. Precisamos entender que as almas gêmeas não são sempre um homem e uma mulher (ou dois homens ou duas mulheres), que se encontram e se casam e têm o relacionamento mais feliz deste mundo. Essa é a versão fantasiosa. A pessoa que é a sua alma gêmea pode estar desempenhando um papel totalmente diferente nesta vida; só porque vocês nunca travaram um relacionamento exclusivo isso não significa que a pessoa não seja a sua alma gêmea. Desta vez ela pode ser um dos seus pais, o seu filho, a sua irmã ou irmão ou um grande amigo. Costumamos pensar que, quando encontrarmos a nossa alma gêmea, nós nos casaremos com ela. No entanto, a realidade é que isso nem sempre é possível em todas as vidas.

Todos nós temos uma alma gêmea?

Sim. Todos nós. Mas, como eu já disse, não é sempre que nos encontramos com ela. Às vezes temos uma lição ou um propósito de vida que nos impede de encontrar nesta vida essa alma perfeita para nós. Talvez tenhamos de nos encontrar só quando estivermos do Outro Lado. Mas quando estamos destinados a encontrar a nossa alma gêmea nesta vida, é a coisa mais linda e surpreendente que você pode imaginar.

O avô e a avó maternos de Mushy eram como unha e carne. Eles foram casados por quase setenta anos, terminavam as frases um do outro, poderiam estar numa sala cheia de sofás e poltronas e se sentariam juntinhos um do outro. A avó tinha quatro anos a mais do que o avô; quando se encontraram pela primeira vez estavam em meio à Revolução Russa e ele era um menino de 10 ou 11 anos, que vivia nas ruas, quase sempre faminto. Ela tinha 13 ou 14 anos, morava com os pais e trazia comida para ele. Ele contava que fora ela quem lhe salvara a vida. O avô era muito trabalhador. Quando tinha 15 anos já ganhava um bom dinheiro e, aos 18, achou que já tinha o suficiente para pedir a avó em casamento. Ele fez fortuna, mas, quando decidiram migrar para os Estados Unidos, tudo o que tinham ganho e construído lhes foi tirado. Quando chegaram a esse país, no entanto, o avô trabalhou duro e fez outra pequena fortuna. Ele, contudo, sempre atribuiu o seu sucesso à esposa.

Mushy sempre foi muito chegada aos avós e sofreu muito quando os perdeu. O avô e a avó estavam em ótima forma para a idade, mas quando ele tinha 83 anos e ela 87, a avó começou a ter problemas de saúde. Um dia eu ouvi alguns espíritos me dizendo que ela ia falecer. Eu sabia que ela conversava com os pais, do Outro Lado. Quando contei a Mushy, ela não acreditou. Mas ficou preocupada o suficiente para contar à mãe, que descartou a possibilidade, dizendo, "Ah, acho que não". Mas dois dias depois a avó morreu.

Essa semana, antes do funeral, eu ouvi novamente os espíritos do Outro Lado. Eu tive de dizer a Mushy para se preparar, pois o avô também ia morrer. No dia do funeral, Mushy estava muito preocupada com o avô, porque ele ia voltar para casa sozinho. Ela tentou convencê-lo a ficar na companhia dela e do marido, Bob, mas ele disse a Bob, "Vá para casa e fique com a sua mulher. Eu quero ir para casa e ficar com a *minha*". No dia seguinte, Mushy e Bob foram à casa do avô ver como ele estava e o encontraram morto. Ele estava deitado de costas na cama com o braço esticado como se quisesse pegar alguma coisa. Eles acharam, pelo ângulo do braço, que ele estava sentado na beira da cama, tentando alcançar a janela aberta, quando caiu para trás. Era evidente que a avó tinha vindo buscá-lo em casa.

Eu definitivamente acredito que existe um amor forte o suficiente para fazer com que duas almas, de um modo ou de outro, se encontrem novamente em outra vida. Mesmo que esse encontro se dê num período tardio da vida, depois de vários relacionamentos ou casamentos; ainda podemos encontrar a nossa alma gêmea depois do segundo ou terceiro casamento. Eu realmente acredito que as almas gêmeas já foram casadas algum dia e se casarão novamente em várias vidas diferentes. A razão para isso pode ser uma combinação de coisas, seja uma lição kármica ou simplesmente uma dádiva de Deus para reunir um par, não estou bem certa.

Por que alguns de nós encontram o verdadeiro amor e outros não?

Você sabe, não tenho uma resposta perfeita para essa pergunta. Gostaria de ter, porque é uma pergunta de um milhão de dólares. Isso é algo que, na maioria das vezes, não faz muito sentido. Eu conheço gente desmiolada que têm parceiros e conheço gente maravilhosa que não tem. Eu não sei dizer por quê. Só sei que existe uma razão, e essa razão nos será revelada do Outro Lado.

Uma coisa eu posso dizer: você não pode depender só do Outro Lado para fazer com que as coisas sejam perfeitas para você. Acredite, Eles estão tentando. Sempre que tiverem uma chance, os espíritos tentarão ajeitar as coisas para nos fazer mais felizes. Mas temos de fazer a nossa parte deste lado. Eu tenho um cliente que já se consultou comigo algumas vezes. Ele veio me ver quando a primeira mulher pediu o divórcio, e na consulta seguinte era ele quem estava se divorciando da segunda mulher. Ele disse, "Concetta, você pode me dizer se algum dia vou encontrar o meu verdadeiro amor?" Eu olhei para a cara fechada desse sujeito — a mesma cara com que eu o via sempre — e disse, "Barney (esse não é o seu nome verdadeiro), você alguma vez já *sorriu* para a sua esposa? Você está me pagando e eu quero que esta consulta valha cada centavo que você me pagou. Portanto, não vou lhe dizer apenas o que você quer ouvir. Você precisa fazer um esforço. Se não decidir que será alguém agradável, ninguém vai querer ficar perto de você! Não se trata de mágica. É bom senso. Essa sua cara amarrada acaba com o ânimo de qualquer um. Enquanto não sorrir, não vai ter muita chance.

Além de não fazer nenhum esforço para agradar, eu também acho que algumas pessoas podem ser inacreditavelmente exigentes. Você precisa estar de bem consigo mesmo e depois, se quiser ser feliz com outra pessoa, precisa entender que não existe perfeição. Eu já vi gente que deixa de sair com uma pessoa porque não gosta da cor dos sapatos que ela usa. Não estou inventando! Quero dizer, que importância tem *isso* na vida? Você tem que estar disposto a mudar um par de sapatos se não gostar deles — você sempre pode ir a uma boa loja de calçados!

Existe alguma coisa que possamos fazer para aumentar as nossas chances de encontrar o verdadeiro amor?

Bem, como eu disse, eu não sou Deus. Mas diria que um bom começo é amar a si mesmo e saber que você tem direito de ser feliz. Olhe no espelho pela manhã, quando estiver escovando os dentes, e diga, "Eu te amo! Você é uma pessoa e tanto!" E sorria! Toda manhã eu faço isso — você está fazendo algo de positivo por si mesmo, além de escovar os dentes. Algumas pessoas acham que tudo tem de ser difícil e complicado para valer a pena. Mas às vezes as coisas podem ser simples. Você olha no espelho todos os dias e diz, "Eu escolho ser feliz!" E sorri.

Continuamos sendo casados do Outro Lado?

Não do jeito que você provavelmente está pensando. O amor de um casal casado é eterno, mas do Outro Lado

eles não serão necessariamente marido e mulher, muito embora sempre exista amor. Eles serão duas energias que se amam. E, quando voltarem para a Terra, poderão ser pai e filha, irmão e irmã ou bons amigos. Não têm que ser marido e mulher outra vez. Tudo depende da missão que Deus tem para nós na outra vida. Ele pode dizer, "Você voltará com essa pessoa da próxima vez, mas vocês serão irmãos. E eu quero que vocês unam forças para ensinar aos outros a seguinte lição..."
Mas, definitivamente, a ligação continua. Um homem — o seu nome era Joe — que tinha perdido a esposa veio para uma consulta e, quando ele estava saindo, eu vi uma imagem que a mulher dele estava me mostrando. Era como dois círculos ligados, feitos com o polegar e o indicador das duas mãos — assim como os elos de uma corrente. Eu disse, "Espere um minuto, Joe. Por que a sua mulher está me mostrando isso? E fiz o gesto com os dedos. Ele abriu um grande sorriso e fez uma cara de quem diz, "Oh, meu Deus!" Ele me explicou que ele e a mulher adoravam assistir o seriado *Friends* na TV e houve um episódio em que duas lagostas cruzaram as antenas e um dos atores disse ao outro, "Lagostas unidas para sempre". A esposa dele tinha achado a cena tão engraçada que costumava fazer esse sinal singelo para o marido, juntando os dedos daquela maneira, quando estavam em cantos opostos numa festa ou em qualquer outro lugar. Era a maneira como ela dizia "Eu te amo" sem palavras. Lagostas vivem unidas para sempre e nós vivemos unidos — de vários modos diferentes — ao longo de *muitas* vidas!

As pessoas se apaixonam do Outro Lado?

Eu não acho que elas possam se apaixonar, acho que elas se reúnem por amor; não se trata de uma paixão, acho que o amor é contínuo e ele nunca tem fim. Uma das minhas clientes estava chateada porque a mãe tinha morrido e o pai estava saindo com outra mulher. Ela me disse, "Ele está saindo com outra mulher, Concetta!" Eu respondi, "Querida, você percebe que a sua mãe está feliz com isso?" Não é o mesmo que abandonar a esposa e trocá-la por outra mulher. Ele está vivo, essa ligação de amor lhe dá razão para se levantar toda manhã. A sua mãe, do Outro Lado, compreende isso. A outra mulher pode representar uma lição kármica para o seu pai, uma continuidade da sua vida familiar que ele ainda não conhece. Talvez numa vida a pessoa tenha três esposas ou cinco maridos. Talvez ela fique viúva ou se divorcie. Do Outro Lado, todos os exs estão juntos. Por isso muitas vezes eles aparecem juntos quando estou fazendo uma leitura para alguém. Eles querem que eu diga a todos que, do Outro Lado, tudo é conhecido, tudo é amor e perdão. Essa é a grandiosidade de Deus. E, além deste mundo, todos os espíritos sabem a razão por que as suas vidas tomaram determinado rumo aqui na Terra. Sabem por que algumas coisas deram certo e outras não, e a razão por que Eles vieram a se encontrar.

E o que dizer de uma pessoa que nunca tenha encontrado o seu verdadeiro amor ou vivido um relacionamento amoroso deste lado? Ela também conhecerá o amor depois de morrer?

Bem, antes de mais nada, eu acho que é muito triste quando alguém passa a vida toda deste lado sem nunca sentir o amor de outra pessoa, mas sei que isso pode acontecer. Pode ser que essa pessoa na verdade tenha sido amada, mas por alguém que se sentiu coibida de alguma maneira e não conseguiu expressar esse amor. Pode ser uma coisa de personalidade ou relacionada à sociedade. Pode ser devido a algum tipo de deficiência física. Existem inúmeras restrições deste lado que impedem o fluxo de amor ou nos tornam incapazes de expressar amor. Nenhuma delas existe, porém, do Outro Lado. Na verdade, alguns dos meus clientes ficam totalmente chocados quando ouvem o falecido pai, por exemplo, lhes dizendo o quanto os amou e o quanto gostaria de ter dito isso antes. Eles mal podem reconhecer esse espírito como a pessoa que conheceram na carne. O amor que conhecemos deste lado continua eternamente do outro lado; mais do que isso: do Outro Lado do véu *tudo* é amor. Ali, o amor é como o ar que respiramos. Deste lado sobrevivemos à base de comida, água, oxigênio — as coisas de que o nosso corpo precisa para funcionar. Do lado de lá, onde somos somente espírito, o amor é o que nos sustenta.

Se uma pessoa perdeu o pai, ele estará presente em espírito, no dia do casamento dela?

Com certeza, ele estará (assim como a sua avó adorada ou a sua tia-avó ou o irmãozinho que já passou para o Outro Lado). Eu quero deixar bem claro que não estou falando "metaforicamente". Os espíritos sabem de todos os acontecimentos importantes da nossa vida e Eles fazem questão de ficar ao nosso lado nos altos e baixos da vida. Eles certamente não perderiam um casamento, especialmente de um filho ou filha. Já fiz leituras em que o cliente me fez essa pergunta e a resposta sempre é: "Eu estava lá".

Os espíritos descansam?

Eu não sei muita coisa sobre "cochilos revitalizantes" (*power napping*), mas realmente acredito que pelo menos alguns espíritos precisem descansar quando chegam ao Outro Lado. É bem provável que estejamos meio desvitalizados quando morremos — não apenas fisicamente, mas mentalmente, emocionalmente e muitas vezes espiritualmente. O meu irmão morreu de AIDS, ele pesava menos de 50 quilos quando morreu e era um rapaz bem alto. Ele parecia péssimo. Depois que morreu, não tive notícias dele durante muitos meses. Quando finalmente falou comigo, perguntei onde tinha estado e ele me disse, "Eu estava em transição". Não sei exatamente o que significa isso, mas suponho que seja algum tipo de descanso, como um spa divino, aonde algumas almas vão para recuperar as forças. Eu ouvi a respeito disso de outros espíritos também, e me parece que essa "transição" é uma espécie de convalescença a meio-caminho do mundo espiritual. Um lugar para almas que precisam de atenção especial. Eles são recepcionados por Mestres e recebem auxílio para que possam se ajustar a essa nova existência, em que não têm mais um corpo cheio de limitações e imperfeições.

Você disse antes que os espíritos que tinham algum problema físico quando morreram muitas vezes querem contar que agora estão bem. Você pode falar um pouco sobre isso?

É verdade. Do Outro Lado, somos todos perfeitos, pois somos parte de Deus e estamos na forma energética. Não temos nenhum tipo de restrição. Eu poderia ouvir de um espírito que a perna que ele amputou por causa de um acidente ou de uma doença, "cresceu" de novo. Mas isso não é literal. Eles só nos dizem isso porque sabem que é assim que nós os visualizamos deste lado: sem a perna. Eles não querem ser lembrados como se tivessem um defeito físico. Eu tenho certeza de que, depois de ficar anos preso a uma cadeira de rodas, quando Christopher Reeve finalmente se libertou e conseguiu ficar em pé, sentindo-se mais leve do que o ar, nada o faria mais feliz do que telefonar para casa e contar isso aos seus entes queridos. Se ele tivesse a chance de fazer uma propaganda da glória miraculosa de Deus, teria feito isso num piscar de olhos.

Os espíritos têm problemas de saúde do Outro Lado?

Não. Pelo menos nenhum relacionado ao corpo. Lá os problemas estão relacionados à saúde e ao bem-estar espirituais. O que há de mais próximo disso aqui seria a nossa saúde psicológica e/ou emocional, como a cura da nossa culpa com respeito às coisas que gostaríamos de ter feito de modo diferente. Mas esse tipo de problema é algo que geralmente se resolve muito facilmente do Outro Lado. Deste lado precisamos levar em conta as leis do universo físico. Você não pode passar vinte anos só comendo bombas de chocolate e não querer que isso tenha consequências físicas. Do Outro Lado, você pode se livrar desse problema.

Nós contraímos doenças para nos ensinar determinadas lições?

Eu acho que sim, mas isso não significa que uma doença ensine a mesma lição para todo mundo. E às vezes a lição é muito mais para os que convivem com a pessoa doente (ou também para eles). Trata-se de uma rede de experiências compartilhadas, de desafios e aprendizado. Uma doença grave não acomete uma pessoa por acaso.

Uma coisa que quero deixar bem clara com respeito a esse assunto é que uma doença nunca é um castigo por algo que tenhamos feito ou deixado de fazer. Deus é um Deus amoroso e não aplica punições que causem dor ou sofrimento. Seja o que for que aconteça com a alma, ela concordou com isso no intuito de passar por uma expansão da consciência que não seria possível de outro modo. O espírito não conhece em detalhes tudo pelo qual vai passar na vida, que experiências viverá. E eu estaria mentindo se dissesse que, em nenhum momento dessa experiência, ele não pensará em como seria bom se pudesse mudar de ideia e desistir de tudo. Não existe doença do Outro Lado, por isso sem vivenciá-la aqui nós talvez não compreendêssemos o quanto somos abençoados quando estamos com

Deus. O fato de uma pessoa desencarnada fazer uma escolha para crescer espiritualmente é algo muito diferente daquilo que alguns chamam de "culpar a vítima", algo que eu ouço muito quando alguém realmente não compreende como tudo isso funciona e diz, "Fulano atraiu essa doença por causa disto ou daquilo" ou "É karma dele".

Por que algumas pessoas se recuperam de doenças fatais?

O milagre de Deus nunca para de nos surpreender — os milagres que Deus cria, os milagres que Ele promove ou concede. A recuperação é um milagre, mas voltar para o nosso lar espiritual também é um milagre. Costumamos preferir que os nossos entes queridos fiquem deste lado, mas, para a pessoa doente, fazer a passagem, sentir-se inteiro outra vez, voltar a se unir com os seus entes queridos pode parecer um milagre maior ainda.

Pelo que sei, o fato de uma pessoa se recuperar e outra não está relacionado ao karma. Talvez se saiba que a pessoa que se recuperará tirará um grande proveito da vida que ela reconquistou. Talvez ela esteja dando um exemplo para outras. Honestamente, não sei, mas essas explicações fazem sentido para mim, pelo que sei da maneira como as coisas funcionam do Outro Lado.

Os espíritos que viveram na Terra em outros séculos admiram a tecnologia moderna?

Tenho certeza de que Eles ficam empolgados com essa tecnologia. Alguns dos avanços deste mundo devem deixá-los entusiasmados. Mas Eles têm participação nesses avanços. O tempo todo reencarnam espíritos que trabalharão com uma coisa ou outra, seja na tecnologia doméstica, na medicina ou em outra área qualquer. Por isso, Eles podem ficar admirados, mas isso é mais ou menos como nas ocasiões em que fazemos algo tão bacana que não conseguimos deixar de apreciar. Não é como se Eles dissessem, "Meu Deus, olhem o que eles criaram lá na Terra!" Mas sim como se exclamassem "Uau! Vejam o que fizemos!"

O que os espíritos dizem sobre os futuros avanços da medicina?

Eu realmente ouço que estamos no limiar de alguns dos maiores avanços em várias áreas da saúde. Eles sempre me dizem que as curas para certas doenças estão prestes a ser descobertas. Nunca deixo de ficar impressionada com as mudanças que vejo acontecendo na tecnologia. Lembro-me de que, na minha infância, os *walkie-talkies* pareciam magia. Agora temos telefones celulares com os quais podemos nos comunicar perfeitamente com pessoas que estão do outro lado do mundo — e eles tocam música, tiram foto e filmam, além de ter conexão com a Internet e enviar fotos para os amigos. É uma loucura. Na medicina, tudo é possível, desde implantes de órgãos até bebês de proveta e clonagens. No entanto, este mundo tem seu lado positivo e seu lado negativo; embora a medicina técnica tenha avançado, a armas tecnológicas também. Ambas curam e destroem; cabe a nós decidir como usar cada uma delas. Onde colocaremos a nossa energia? O nosso livre-arbítrio é uma faca de dois gumes.

    Como não sou cientista nem médica, acho meio difícil entrar em detalhes com relação ao que Eles me dizem sobre os futuros avanços da medicina, mas é muito bonito ver como tentam me manter informada a esse respeito. Existem determinadas doenças que, segundo Eles, obterão grandes avanços, seja em tratamentos seja na descoberta da cura; e Eles vivem me dizendo que a próxima geração não sofrerá mais dessas doenças. As que Eles mencionam com mais frequência são o diabetes, o lúpus e a esclerose múltipla. Certamente existem outras. Eu sei que o que Eles me dizem é verdade, que o progresso tecnológico com relação a essas doenças é uma grande promessa. Quando o meu irmão Harold estava com AIDS, Eles me contaram que algo monumental relacionado com hormônios estava prestes a surgir, mas também me disseram que essa tecnologia não chegaria a tempo de salvar Harold. Evidentemente isso me deixou triste. Mas fiquei muito agradecida por saber que esses novos "coquetéis" estão agora evitando que muitos passem o que o meu irmão passou. Eu espero que o conhecimento de que tratamentos e curas para algumas doenças terríveis estão prestes a serem descobertos tragam conforto para as famílias que as enfrentam ou para aqueles que se preocupam com elas quando pensam em ter filhos.

Os espíritos nos ajudam a nos curar de doenças?

Sem dúvida. Você provavelmente sabe que, a cada dia que passa, o uso da energia de diferentes tipos (sons, luzes, vibração, etc.) é cada vez mais frequente na medicina. Os espíritos são pura energia. Portanto, essa é uma área em que Eles podem "pôr a mão na massa", por assim dizer. Eu me lembro de uma leitura mediúnica em que a mãe de um homem apareceu e ela sabia que ele tinha machucado o ombro. Ele tinha feito um tratamento para isso, mas eu obviamente não sabia. Quando contei a ele que a mãe lhe dissera que havia irradiado energia no ombro dele para curá-lo, ele exclamou, "Poxa! Eu de fato estou me sentindo melhor! Até parei de pensar nisso!"

Eu mesma, alguns anos atrás, passei por uma cirurgia delicada e precisei fazer uma transfusão. Eu estava me sentindo extremamente debilitada e precisava muito dormir para recuperar as forças. Toda vez que o médico vinha ao meu quarto ele dizia, "Você *precisa* dormir". Infelizmente, o meu corpo rejeitava todos os remédios para dormir e eu simplesmente *não* conseguia pregar o olho. Estava ficando cada vez pior e sofrendo muito. Me sentia tão mal que comecei até a pensar na minha vida, a recapitulá-la, avaliando se eu estaria satisfeita com ela se tivesse chegado a minha hora de morrer; cheguei à conclusão de que eu tinha feito o que sabia com relação ao que eu entendia ser o meu trabalho e que eu realmente podia partir em paz. Então fiquei deitada ali na cama e fechei os olhos.

De repente, eu estava numa montanha-russa, sentada no banco da segunda fileira. No assento da frente estavam dois homens. Um deles voltou-se para mim e eu vi que era o meu pai. "Precisamos tirar você de lá", ele disse. "Precisamos tirar você do corpo para poder dormir". O carrinho da montanha-russa parecia subir direto para o céu. Estávamos muito alto e eu tive medo da altura. O meu pai disse, "Não se preocupe, eu estou dirigindo. Se tiver medo, feche os olhos". Eu não sei por quanto tempo subimos, mas lembro-me do meu pai me dizendo, "Por favor, escolha ficar". Ele disse, então, "Vou levá-la de volta".

Depois disso só me lembro de que estava de volta ao meu corpo, mas me sentindo completamente diferente. A dor havia passado. Eu me sentia forte e revigorada. Nesse momento começou a minha recuperação total. Eu ainda me lembro de ter saído do hospital de cadeira de rodas. Enquanto estava sendo empurrada para a porta de saída, a luz do sol estava tão intensa que eu me senti como se estivesse renascendo.

Quando você está fazendo uma leitura, um espírito pode lhe dar algum sinal indicando que um bebê chegará em breve?

Sim, pode, mas cada médium tem o seu jeito de se comunicar com os espíritos. E Eles podem modificar esse modo de comunicação para facilitar o entendimento do médium. Eu sei, por exemplo, que alguns médiuns veem uma flor branca quando é o aniversário de alguém. Eu, por outro lado, costumo ouvi-Los mencionar um mês, que eu sei, por experiência, que corresponde a um aniversário especial ou ao aniversário de morte. Alguns médiuns veem uma cruz ou algum outro símbolo sobre a cabeça da pessoa quando ela ou algum membro da família dela vai ter um bebê brevemente. O que eu vejo é uma imagem de Santa Filomena, que, de acordo com o que sei sobre ela, morreu virgem quando tinha 12 ou 13 anos de idade. Ela é a patrona das crianças, entre outras coisas, e quando eu a vejo posso ter certeza de que uma criança está a caminho.

Como as crianças vêm ao mundo?

Os bebês são enviados para este lado por Deus, mas eles também têm vários amigos do Outro Lado. No meu modo de ver, durante a gravidez, a alma do bebê só fica com a mãe nos últimos três meses da gravidez. Até lá, ela vai e volta, por meio de um túnel — o mesmo que atravessamos quando morremos —, só para checar como estão as coisas e se acostumar com a nova situação. Mas na reta final, ela passa mais tempo com o seu novo corpo e a mãe passa a sentir o bebê se mexendo muito mais na barriga. Por fim, ao nascer, a alma se adere completamente ao corpo.

Desde o nascimento, o bebê cumpre a missão pela qual veio ao mundo?

O bebê pode ser uma alma muito antiga. Mas, quando os bebês atravessam o túnel, eles perdem a memória de como era do Outro Lado, de quem eram e do que vieram fazer aqui desta vez. Eles chegam à Terra com um corpinho do tamanho de um pão de forma e precisam aprender outra vez como usar a forma física. Mas cada um de nós encarna para crescer espiritualmente, e os espíritos do Outro Lado ajudam o bebê a cumprir a sua missão aqui. À medida que o tempo passa, Eles colocam outras pessoas e circunstâncias na vida dele, para ajudá-lo a despertar para o que veio fazer aqui.

É verdade que as crianças tendem a ver os espíritos com mais frequência?

Quando eu disse que elas perdem a memória do Outro Lado, não quis dizer que isso aconteça imediatamente. Todas as mães lhe contarão histórias sobre como os seus bebês "interagem" com algo — ou alguém — que elas não podem ver. Quando eles olham para um determinado ponto à frente, ou talvez do outro lado do cômodo, e sorriem, gargalham, talvez acenem os bracinhos, como se estivessem se comunicando com alguém, embora não haja ninguém visível ali. Trata-se de um espírito que o bebê conhece desde quando estava no Outro Lado, e que vela por ele. Especialmente agora que existem câmeras que monitoram os bebês, é muito comum ver esse tipo de coisa.

Eu ouço histórias desse tipo o tempo todo. Os clientes sempre me contam casos em que os filhos viram ou ouviram algo. Uma dessas histórias que me ocorre agora é a de uma cliente que me contou que estava dirigindo, enquanto a filhinha estava no banco de trás. A criança parecia estar conversando com alguém. Ela disse, "Querida, com quem você está falando?" e a menina respondeu, "Com a vovó. Ela disse que mora aqui". Bem, elas tinham acabado de passar pelo cemitério onde a avó estava sepultada — a menina não sabia a diferença entre morar ali e estar enterrada ali, ela só foi capaz de ver a avó.

Eu me lembro de outro cliente cujo filho de 5 anos estava na casa da avó, observando a mãe fazer sanduíches. Ela disse para ele, "A mamãe está fazendo sanduíches para você e a vovó". Então o garoto apontou para o que, aos olhos da mãe, era só uma cadeira vazia e disse, "Você vai fazer um sanduíche para o vovô também, não vai?"

Uma das minhas clientes ficou realmente assustada com a filha pequena quando ela, com poucos anos de idade, perguntou, ao fazer as suas preces, "Tudo bem se eu rezar para a minha *outra* mamãe e o meu *outro* papai também?" A minha cliente entrou em pânico, achando que a menina estava dizendo que ela ia morrer. Mas não era nada disso. A filha era pequena e ainda se lembrava dos pais que tivera na vida anterior.

Por que as crianças têm capacidade para se comunicar com o Outro Lado?

As crianças pequenas estão deste lado há muito pouco tempo, elas ainda não foram "influenciadas" pelas nossas expectativas do que seja ou não aceitável aqui. Num certo sentido, elas estão mais conectadas com o mundo espiritual do que as pessoas mais velhas, que estão aqui há mais tempo. Elas ainda conseguem se comunicar com o Outro Lado telepaticamente, e não é raro uma criança ver um avô, por exemplo, que conheceu antes de nascer, ou alguém que morreu um pouco depois do nascimento dela. Elas ainda veem espíritos com muita facilidade.

Mas as pessoas mais velhas não querem perder tempo falando sobre os parentes mortos e logo as crianças perdem essa capacidade, porque, basicamente, elas viram as costas para ela. Esse é um comportamento que aprendemos para sermos aceitos deste lado.

É possível manter a capacidade de ver espíritos ou todas as crianças (com exceção das que são realmente médiuns, como você) acabam perdendo essa capacidade?

Eu acho que em geral essa capacidade acaba se atrofiando. Mas, como eu acabei de dizer, quando uma criancinha começa a ignorar os espíritos à volta dela, é quase sempre para se ajustar ao que é considerado normal deste lado. O pai ou mãe que não se lembra da sua própria experiência com espíritos talvez brinquem com a criança, dizendo, "Ah, você está conversando com o seu amigo imaginário?" Assim a criança acaba captando a mensagem e passa a achar que o espírito não é real. Ou a mãe pode ficar brava se a criança diz que está conversando com alguém que já morreu. Por isso a criança se cala, pois não quer causar mal-estar na mãe. Para manter viva essa capacidade, quando a criança falar que vê ou ouve a "vovó" ou o "vovô", é importante que os pais não a olhem com reprovação. As crianças agem de acordo com a reação dos pais. Se o pai ou a mãe parecerem assustados, então a criança achará que ver o vovô é algo ruim ou assustador. É como na ocasião em que uma criança se aproxima do topo da escada. Ela olha para trás para ver a reação da mãe, como se dissesse: Posso fazer isso? A expressão da mãe será suficiente para que ela saiba a resposta. Eu acho que ter um diálogo aberto com a criança quando ela tocar no assunto pode, até certo ponto, manter viva essa capacidade. Com uma criança mais nova, que ainda nem sabe falar a respeito, você pode tentar mostrar uma foto de um ente querido falecido e observar a reação dela. Existe uma boa chance de que ela reconheça a pessoa da época em que ainda estava do Outro Lado.

Quando uma criança diz para os pais, "Eu não pedi para nascer", do ponto de vista espiritual, isso tem fundamento?

Eu acredito, com base no que aprendi com os espíritos, que todos nós escolhemos os nossos pais, mas recebemos orientações do Outro Lado. Trata-se de uma decisão coletiva em que se leva em conta o modo como a alma aproveitará melhor esta encarnação para crescer espiritualmente. Nós nascemos na família certa e nas circunstâncias mais adequadas para cumprir o propósito desta nossa vida, por meio do nosso livre-arbítrio e das nossas diferentes escolhas e atitudes. Em qualquer situação, nós escolhemos. Chegamos aqui sabendo quem serão os nossos pais, que lição (ou, provavelmente, lições) teremos que aprender e/ou que contribuições faremos. Também se espera que ajudemos outras pessoas encarnadas. Esta é a nossa escolha ao reencarnar: onde, quando e com quem. Trata-se de uma combinação de decisões tomadas com a orientação de Mestres espirituais.

Já é predeterminado se teremos filhos ou não nesta encarnação?

Eu acredito que seja, sim. Cheguei a essa conclusão com base na minha própria experiência pessoal e na de outras pessoas que conheço. Acredito que decidimos, antes de nascer, se teremos filhos ou não e, se teremos, quantos serão. E, embora eu normalmente diga que isso pode ser alterado pelo nosso livre-arbítrio, no caso dos filhos, eu me arrisco a dizer que isso é uma parte tão integral do plano divino que não podemos, de modo algum, mudá-la depois que ela é determinada. Ter ou não ter filhos é uma parte importantíssima da vida de qualquer pessoa. Eu não consigo pensar em nada que seja mais importante do que isso, nem mesmo doenças graves ou acidentes. Como cada filho traz aos pais uma lição diferente, eu acho que a decisão sobre quantos filhos teremos é feita antes de virmos para cá.

Quando os espíritos preveem um nascimento Eles podem estar se referindo a uma adoção?

Sim, claro. Numa previsão, um "nascimento" é literalmente "uma criança nos braços", por isso ela pode ser uma criança adotada ou um filho biológico. Essa criança pertence a essa mãe e a esse pai.

Você transmite mensagens de qualquer pessoa que tenha falecido? Inclusive de gente famosa?

Vamos colocar desta maneira: eu transmito mensagens só daqueles que tem uma ligação com a pessoa que recebe a leitura mediúnica. Por isso, se você acha que Elvis Presley ou James Dean vão se comunicar com você a partir do Outro Lado, a menos que você tenha se relacionado com algum deles em vida, vai ficar desapontado. Em algumas ocasiões em me conectei espiritualmente com espíritos de pessoas famosas.

Mas em todas essas ocasiões, foi porque a pessoa para quem eu estava fazendo a leitura tinha uma ligação com esse espírito. Ei, se eu pudesse me conectar com qualquer pessoa que eu quisesse, diria para Jim Morrison, "Desculpe por tudo o que fizeram com a sua sepultura!"

Qual a diferença entre fazer uma leitura mediúnica para uma pessoa comum e para uma celebridade?

Quase nenhuma. Elas querem saber a mesma coisa que todo mundo. Querem falar com os parentes ou perguntar se vão se casar, ter filhos, etc. Um aspecto que é diferente é o interesse que muitos atores têm em buscar algo espiritual a que possam se ligar para ajudá-los no seu trabalho artístico. A atuação é algo tão delicado e eu acho que estar em contato com o mundo espiritual é uma coisa que ajuda os atores. Mas, tirando isso, não existe nenhuma diferença. Com exceção das vezes em que se oferecem para enviar um jatinho particular. Isso é meio surreal e acho que nunca vou me acostumar direito.

Você já fez leituras mediúnicas para muitas celebridades?

Muitas. Fiz leituras para Alec e Billy Baldwin, Ed Begley Jr., o elenco do seriado *Os Sopranos*, Edie Falco, Federico Castelluccio e Vincent Curatola, e também Julia Louis-Dreyfus, Illeana Douglas e Jeff Goldblum — que docinho ele é! É tão amável quanto parece na tela. Quando eu o conheci, ele me deu um abraço e eu derreti como um sorvete! Fiquei muito amiga de Talina Fernández, cujo programa é baseado no México, mas é transmitido em espanhol para o mundo todo. E também há a Cristina, que é uma espécie de Oprah hispânica aqui em Miami.

Sou terrível para saber quem é famoso às vezes. Há alguns atletas de quem eu nunca tinha ouvido falar até que se despediram na porta de casa e meu marido comentou, "Você viu quem era?"

Uma vez o meu amigo Jon Cornick, que é produtor de cinema, apresentou-me a uma mulher que era produtora musical. Ela tinha um cliente na cidade e me disse que ele queria me conhecer. Quando disse "na cidade" ela não estava se referindo propriamente a Boonton, em New Jersey, mas à cidade de Nova York, a uns 45 minutos daqui. Ela disse que esse cliente estava fazendo alguns espetáculos e queria mandar a limusine para me levar ao hotel em que estava hospedado, para que eu fizesse uma leitura. Eu sabia que o homem era músico, mas não o reconheci. Fiz a leitura e depois todos nós tivemos um belo jantar juntos. Esse sujeito era Phil Lesh, do *Grateful Dead*

— muito gentil, ele me convidou para um dos concertos dele, mas infelizmente a minha agenda de trabalho não me permitiu. Você pode estar se perguntando se Jerry Garcia se apresentou durante a leitura. A resposta é sim! Mas o importante é que, de qualquer maneira, esse não é o tipo de coisa em que as pessoas estão interessadas quando vêm me ver — ou quando me mandam buscar. Somos todos seres humanos. Temos preocupações muito parecidas. Queremos saber sobre a nossa família. Ficamos agradecidos ao ouvir os nossos entes queridos já falecidos, mesmo que não sejam famosos.

No caso de Talina Fernández, eu a encontrei porque tinha feito, anteriormente, uma leitura para a filha dela, Mariana. Mas fazendo uma pequena retrospectiva, eu pude conhecer tanto Talina quanto Mariana graças à minha amizade com James Van Praagh. Depois que James me conheceu e ficou a par das minhas capacidades, ele foi incrivelmente generoso. Colocou os meus dados no seu site na Internet e depois eu recebi o maravilhoso convite para fazer algumas apresentações com ele na Cidade do México. Lá, fizemos entrevistas para revistas, estações de rádio e TV, e depois fizemos apresentações para grandes grupos. Numa delas, eu fiz uma leitura mediúnica para a filha de Talina, Mariana. Ela tinha perdido uma amiga pouco tempo antes e me confirmou que ela tinha morrido num acidente aéreo. Era aniversário do filho dessa amiga falecida e eu lhe transmiti que a amiga estava desejando "feliz aniversário" ao filho. Aparentemente, Mariana contou com entusiasmo sobre a leitura para a mãe. A parte seguinte da história é muito triste. Infelizmente, numa viagem, Mariana, o marido e os filhos foram abordados por marginais. Mariana tinha o coração fraco e a experiência a deixou tão aterrorizada que ela literalmente morreu de medo. Ela tinha 38 anos. Mariana tinha me falado tanto da mãe, Talina, que, quando morreu, Talina resolveu me telefonar. Nessa consulta, eu consegui me comunicar com a mãe e com a filha dela. As circunstâncias foram lamentáveis, mas eu fiquei satisfeita por poder ajudar um pouco a amenizá-las. Desde então, já fui convidada para voltar ao México muitas vezes, para participar do programa de Talina. Eu também já fui convidada para participar do programa de Cristina, quando ela fez um especial com Talina. Adorei me sentar no sofá de Cristina, com essas mulheres maravilhosas — as duas são deslumbrantes, amáveis e divertidas! Quando fiz uma leitura para Cristina, a mãe e o pai dela se apresentaram e me falaram sobre uma certa fotografia deles que Cristina tinha — ela foi buscar a fotografia na escrivaninha, que mostrava os pais dançando. Ela me disse que sempre carregava a foto com ela, mesmo quando estava viajando. E o pai falou sobre uma corrente com uma medalhinha que ela guardava de lembrança dele, e ela confirmou.

Eu realmente adorei a oportunidade de trabalhar no México, mas preciso melhorar o meu espanhol. Por enquanto eu só sei dizer "sí", "no", "A dónde es el baño?" e "Te amo, todo el mundo!" ("sim", "não", "Onde é o banheiro" e "Amo todos vocês!")

Qual foi a sua leitura mediúnica favorita a uma celebridade?

Eu adorei a leitura que fiz para Sarah Ferguson, a duquesa de York, porque consegui me comunicar com Diana. Ela estava tão animada e vibrante, não parava de falar. Diana me disse para falar a Sarah que ela lamentava pela briga por causa dos "sapatos emprestados", mas ela estava rindo quando disse isso, por isso eu acho que era alguma piada entre elas, nada sério. E quando transmiti essa mensagem, Sarah riu também. Ela entendeu, mas não disse por quê. Eu também adorei a leitura que fiz para o elenco de *Os Sopranos*, porque eles foram as minhas primeiras celebridades e eu adorava o seriado.

Se o personagem Tony Soprano fosse uma pessoa de verdade, você faria uma leitura para ele ou se recusaria porque ele era malvado?

Eu na verdade já estive nessa situação. Quando a pessoa marcou a consulta, eu não sabia quem ela era. Ela com certeza não me deu nenhuma informação do tipo, "A propósito, eu sou mafioso". Quando apareceu, embora eu não soubesse exatamente o que ela fazia, pude perceber que ela "não era flor que se cheire". Eu não sei como colocar isso de outra maneira. Não é nada específico, eu não posso dizer com certeza que ela tenha matado alguém, mas sei que não é confiável, do ponto de vista espiritual. Toda a energia em torno dela era diferente da de qualquer outra pessoa para quem eu já tivesse feito leituras. Quando pedi para que me dissesse o seu nome, ela olhou para mim como se eu fosse do FBI e, quando pedi autorização para fazer a leitura, percebi pela expressão dela que suspeitava de que eu estivesse com uma escuta.

Embora eu tome precauções com relação ao mal, acho que a minha resposta é sim, eu faria uma leitura para Tony, se fosse contratada. Isso pode parecer horripilante, mas é por causa de duas coisas. Eu sempre peço a proteção de Deus e que Ele proteja a mim e a minha casa de todo mal. Nenhum espírito maléfico e ninguém que pretenda me fazer mal tem permissão para entrar. Se eu fizesse uma leitura para Tony Soprano, o mais provável é que eu ouvisse o espírito da avó dele, se ela fosse uma boa pessoa. Ou a mãe dele podia dizer por meu intermédio, "Por favor, filho, peça perdão".

Qual foi a sua experiência mais frustrante com uma celebridade?

Antes de me profissionalizar, eu trabalhava como recepcionista. Eu era realmente horrível no trabalho. Tenho uma dislexia grave e realmente não sei digitar muito bem. Eu era boa em atender telefonemas e receber pessoas, mas fazia o possível para evitar outras tarefas. Trabalhei para cinco empresas diferentes e a minha favorita era a famosa Abu Garcia, fabricante de varas de pescar e carretilhas. Eu não sabia nada sobre pescaria e não tinha vontade de aprender. Certamente nunca imaginei que teria a oportunidade de conhecer Marilyn Monroe lá!

Sempre fui fã incondicional de Marilyn, mesmo sendo dislexa eu colecionava livros sobre ela, simplesmente pelas fotos, e por acaso tinha uma delas na minha escrivaninha aquele dia em que Joe DiMaggio veio comprar uma vara de pescar. Quando entrou, eu imediatamente o reconheci como o companheiro de Marilyn Monroe (ele também jogava um pouco de beisebol, me disseram). Fiquei muito empolgada, mas o patrão me disse que, em nenhuma circunstância, deveríamos importunar o sr.

DiMaggio, e fomos avisados para não mencionar Marilyn Monroe *em hipótese alguma*. Tudo o que eu pude fazer foi apertar a mão dele e dizer "É um prazer conhecê-lo".

No entanto, no momento em que o sr. DiMaggio apertou a minha mão, eu imediatamente ouvi a voz arfante e inconfundível de Marilyn. Ela não parava de dizer, "Diga a ele que falta uma pedra. Diga a ele que falta uma pedra. Ele saberá do que está falando". Mas eu tinha sido avisada de que não deveria mencionar o nome dela e fiquei com medo de perder o emprego, então mordi a língua e, em vez disso perguntei, "Gostaria de tomar uma xícara de café?"

Em torno de uns oito anos depois, a maioria dos pertences de Marilyn foi leiloada pela Sotheby's. Havia um anel de diamante que Joe DiMaggio tinha dado a ela. No anel faltava uma pedra. É claro que eu gostaria de ter dito isso a ele, mas eu era jovem e burra. Tudo bem, muito jovem e muito burra. E essa nem é uma boa desculpa, eu vejo agora. Você *não* pode ignorar Marilyn Monroe para não perder um emprego de recepcionista numa firma de varas e carretilhas!

Qual foi a sua experiência mais estranha com celebridades?

Bem, uma vez eu estava fazendo uma das minhas grandes apresentações em Verona, New Jersey, e saí do camarim para saldar a plateia e explicar como tudo funcionava. Eu disse, "Quero apenas lhes dar um exemplo, para mostrar que Eles falam comigo o tempo todo. Quando chegaram aqui, vocês todos me viram andando de um lado para o outro. Eu não pude ficar lá (eu estava me referindo ao camarim, onde eu normalmente aguardo antes de começar a apresentação). Havia muitos espíritos ali querendo falar comigo — o cômodo estava gelado! Havia um monte de espíritos ali que queriam transmitir mensagens para pessoas da plateia. Só vou mostrar o que estou querendo dizer: neste exato momento, alguém está me dizendo, "Diga *Lou Costello*". Isso faz sentido para alguém? Eu não sei o que significa, mas é o que esse sujeito está dizendo, "Diga o nome Lou Costello". Uma mulher atrás de mim levantou a mão e uma das minhas assistentes levou até ela o microfone. Ela disse que achava que a mensagem era para ela. Eu perguntei por que ela pensava assim e ela disse que a mãe dela e a mãe de Lou eram grandes amigas. Ela tinha a foto de Lou na parede e, quando era criança, Lou Costello viria para o aniversário dela, mas morreu justamente um dia antes da festa! Eu fiquei impressionada. E disse, "Verdade?" É uma loucura! Viram? Eu não sabia *nada* disso". Mas Lou Costello poderia ter se comunicado por causa dessa mulher, porque havia uma ligação verdadeira entre eles.

Na mesma apresentação, eu estava fazendo uma leitura para um homem de 30 e poucos anos. Eu disse, "Há alguém aqui dizendo que não é um membro da família. É um amigo — alguém que morreu num acidente aéreo. O homem disse que não conhecia ninguém que tivesse morrido num acidente aéreo. Eu disse, "Ele está dizendo "Teeterboro". Você sabe o que isso significa? É um aeroporto, não é? Deve ser alguém que tem algo a ver com Teeterboro, talvez tenha embarcado nesse aeroporto". O homem levou a mão à boca, como quem leva um susto, e começou a rir. Ele disse, "Um pouco antes de entrar estávamos lá fora brincando sobre como seria se o espírito de John Kennedy Jr. aparecesse". Eu disse, "Você está brincando. Estou falando com JFK Jr.?" Com toda honestidade, estou certa de que o espírito que falava comigo não era JKF Jr. Não quis dizer isso durante a apresentação porque tento fazer com que ninguém fique constrangido, mas acho que o espírito que se comunicou era um amigo do homem — pelo menos foi o que ele disse. Eu acho que eu não entendi muito bem o que ele estava tentando dizer. Em vez de dizer que ele próprio tinha morrido num acidente aéreo, tentou fazer a ligação com JFK Jr., mas a sua mensagem para o amigo não tinha a intenção de fazer piada com os mortos.

Podemos ficar amigos de celebridades depois que fazemos a nossa passagem?

As celebridades não são mais celebridades do Outro Lado. Sim, elas contribuíram com alguma coisa deste lado, mas isso não significa muito depois que morrem — não mais do que a contribuição de qualquer outra pessoa, uma vez que encarnaram para aprender as suas lições. Somos todos iguais do Outro Lado. Lá não existe nenhuma revista *Caras*.

Todo mundo pode ouvir os espíritos?

Sim, todos temos essa capacidade. Eu sempre gosto de dizer que giraram um pouco mais o meu botão de volume do que o das outras pessoas. Eu não estou totalmente sintonizada com este lado, por isso me deixaram ficar mais sintonizada com o Outro Lado. Desde o nascimento, eu não ouço muito bem com o ouvido esquerdo. Dizem que essa é uma das razões por que ouço melhor o Outro Lado. A maioria das pessoas não ouve os espíritos com tanta clareza e nitidez quanto eu, mas lhe asseguro que todo mundo pode ouvi-los. Sabe quando alguém lhe vem à cabeça de repente ou você acha que ouviu alguém sussurrando? O mais provável é que seja um espírito falando com você.

Como uma pessoa que não é médium pode se conectar com o Outro Lado?

A melhor coisa que eu posso dizer é que você tem de estar aberto para isso, tem que parar de dizer que as coisas são coincidência, parar de duvidar que seja possível. Isso requer prática, como qualquer outra coisa. Estamos vivendo numa "sociedade instantânea", onde ninguém tem paciência para nada. Esperamos que o amor surja na nossa vida aos 20 e poucos anos e ter todos os nossos problemas de relacionamento resolvidos como num passe de mágica quando ainda somos quase uma criança. Se começamos uma dieta, desistimos depois de uma semana porque não perdemos peso instantaneamente. Eu não sei por que isso está acontecendo. Ninguém espera começar a aprender a tocar um instrumento e tocar perfeitamente na primeira aula, ou ser capaz de correr uma maratona só porque sabe amarrar o tênis. O que eu posso dizer é que, se você abrir uma janela, vai entrar ar fresco. Você pode entreabri-la ou escancará-la. Se escancará-la e deixá-la aberta, a sua casa ficará arejada e você terá uma visão mais ampla. O mesmo acontece com a conexão com o Outro Lado. Você precisa abrir a janela e deixá-la aberta.

Eu sugiro que comece a falar com Eles e depois ouça a resposta, não importa qual seja. Você pode pedir algum tipo de sinal. Peça provas. Diga ao espírito que você quer fazer contato, "Eu quero ver você!" Mas quando Eles mostrarem a prova, você não pode dizer, "Ah, é só uma coincidência..." Você também precisa ser paciente. Dar um passo de cada vez. Com a prática, você ficará cada vez melhor.

Os espíritos falam conosco em nossos sonhos?

Por alguma razão, isso parece confundir as pessoas. São duas coisas diferentes: sonhos e visitas. Ambos acontecem quando você está dormindo, mas o sonho é geralmente meio confuso e muitas vezes tem um fundo psicológico. Em geral, o sonho precisa ser interpretado para que possamos captar a sua mensagem. A visita de um espírito é muito mais objetiva. Geralmente é breve e amorosa. Vemos os nossos entes queridos e podemos "ouvi-los", ouviremos a voz deles de verdade, mas a comunicação é na realidade telepática. Não veremos os seus lábios se mexendo porque Eles estão se comunicando com a mente. A nossa mente subconsciente se lembrará da visita e a mensagem ficará clara. Ao contrário do sonho, não é preciso fazer nenhuma interpretação.

Os nossos entes queridos falecidos tentam se comunicar conosco em datas especiais?

Com certeza. Um homem de 40 e poucos anos, para quem eu estava fazendo uma leitura, me disse que tinha muita saudade da mãe. Contou que, no seu último aniversário, ele não conseguia parar de pensar nela, imaginar como ela estava, se ainda pensava nele do Outro Lado. Ele de fato acreditava no mundo espiritual, mas não achava que tivesse algum acesso a ele; por isso se sentia frustrado e triste. Decidiu, então, fazer uma caminhada para ver se conseguia se sentir melhor. Enquanto caminhava, viu um daqueles balões metalizados. Ele tinha perdido todo o gás que o fazia flutuar e estava caído no chão. Ele viu que a figura estampada nele era a de um bolo de aniversário de morango. Pegou o balão do chão e jogou-o na lata de lixo mais próxima. Assim que o jogou, sentiu o impulso de se virar. Do outro lado do balão estava escrito "Feliz aniversário". Ele me perguntou, "Concetta, você acha que foi uma mensagem da minha mãe?" Se eu *acho*? Eu *sei* que era!

Os espíritos têm o que consideraríamos uma reação emocional ao se comunicar conosco?

É maravilhoso para os nossos entes queridos poder manter contato conosco. Eles adoram que nos lembremos deles. Querem ser reconhecidos e mostrar que ainda estão presentes. Mesmo do Outro Lado, Eles não querem ser ignorados, postos de lado ou esquecidos.

Os espíritos podem chutar latinhas de refrigerante e atravessar paredes como mostra o filme *Ghost*?

Ah, você está brincando! Mas é claro que sim! Quanto a atravessar paredes, os espíritos são formas de energia. Nada é sólido para Eles. E chutar latinhas não é grande coisa para um espírito. Eles podem usar a energia deles para fazer todo tipo de coisa — mover coisas, chutar coisas. Podem parar um relógio ou fazer os ponteiros se moverem mais rápido, fazer as luzes piscarem, abrir torneiras. Mas nunca têm a intenção de nos assustar quando fazem isso. Só querem que saibamos que Eles estão ali. Numa ocasião ou outra, estão tentando ser engraçados, mas na maioria dos casos é só para nos dizer "Olá".

Como os desencarnados, na forma espiritual, conseguem manipular objetos materiais deste lado?

Existe um limite, eu acho, para o que Eles podem fazer. Por exemplo, não podem escrever de fato uma carta, mas podem mover as coisas, usando pequenas descargas elétricas. Eu já os vi acendendo e apagando lâmpadas ou abrindo as torneiras do banheiro — para ser franca, não sei muito bem como fazem isso. A única maneira que eu conheço de um espírito afetar o mundo espiritual é por meio da energia, e parece que é preciso uma pequena dose de força, quando não uma empunhadura firme, para se girar uma torneira, mas de algum modo Eles conseguem. Às vezes dão um jeito de nos fazer ouvir uma determinada música no rádio. Isso pode ser feito por meio de uma combinação de coisas. Talvez sejam capazes de exercer uma influência subconsciente para que a música seja incluída na lista das que serão tocadas e então nos influenciar da mesma maneira, para que sintonizemos essa estação de rádio no momento certo. Ou talvez simplesmente saibam quando uma música tocará no rádio e o primeiro passo não seja necessário. Não estou certa. Acho que Eles costumam usar qualquer artifício à disposição para se fazerem notar.

Se Eles querem que confirmemos as informações que transmitem, por que elas nem sempre são claras ou óbvias?

Às vezes as informações que Eles nos transmitem são confirmadas na mesma hora. Às vezes leva um tempo até que a pessoa capte a mensagem. O seu significado pode vir mais tarde — às vezes bem mais tarde. Às vezes é como eu já mencionei: a leitura mediúnica é algo tão fora do comum que, enquanto está comigo, o cérebro da pessoa fica paralisado e ela não consegue pensar, mas talvez enquanto dirige para casa ela de repente consiga compreender o significado da mensagem. Ou pode levar anos, dependendo de que mensagem era. Isso é muito individual. Não depende de mim — eu só digo à pessoa o que eu ouço e vejo. Faço o possível para lhe dar o maior número de detalhes e de maneira clara.

Embora não aconteça com frequência, já passei pela experiência de fazer uma leitura para duas ou mais pessoas e uma delas negar que o que eu dizia era verdade. Depois, mais tarde, ela me ligou e disse que a mensagem de fato *era* verdadeira

— ela simplesmente não queria que a amiga soubesse. Em todo caso, eu sou apenas uma mensageira. Não me culpem!

Ocorrem muitas coincidências significativas na sua vida?

Ai, meu Deus! Você acha mesmo que existe essa coisa chamada coincidência? O que entendemos como "coincidência" é na verdade apenas um exemplo das ocasiões em que o Outro Lado trabalha conosco de maneira tão imperceptível que é como se peças de um quebra-cabeça se encaixassem na nossa vida de maneira perfeita. Muitas vezes trata-se de algo que queríamos desesperadamente e Eles nos provêm no momento exato.

Cristina, que tem um programa de entrevistas muito popular para a comunidade hispânica, convidou-me para participar de um programa especial dedicado a Talina Fernández. Era um programa do tipo "esta é a sua vida" e ela convidou a mãe, a irmã, o marido e a neta de Talina, e *eu* também, por isso me senti como se fosse da família dela. Fiquei muito honrada de estar lá. John havia me acompanhado e estávamos no Coconut Grove e passamos horas maravilhosas, com exceção da *terrível* dor de cabeça que eu tive. Estávamos num restaurante e eu vasculhava a minha bolsa, embora não achasse que fosse encontrar uma aspirina. E então implorei para que o garçom me arranjasse uma — eu sei que eles não têm permissão para dar nenhum medicamento aos clientes, mas achei que ele talvez visse o meu desespero, ficasse com dó e me desse uma às escondidas. Mas claro que ele não poderia arriscar o seu emprego e eu realmente não o culpei. Eu estava a ponto de me levantar da mesa e gritar, "Será que alguém aqui tem uma aspirina?" e tinha acabado de dizer para John que eu "mataria alguém" por uma aspirina, quando duas senhoras sentaram-se na mesa ao lado. O garçom lhes passou os cardápios e uma delas pediu um copo com água. Ela abriu a bolsa e tirou dali um frasco de aspirinas. Eu não tive vergonha de pedir uma, muito embora elas quase não falassem inglês e o meu espanhol fosse uma nulidade! E ninguém me convencerá de que aquele frasco de aspirinas foi mera coincidência.

O mesmo fenômeno está em operação quando você está trabalhando num projeto, empaca num determinado ponto, não consegue encontrar a resposta de que precisa ou a peça que falta e então "acontece" de você tomar um ônibus e se sentar ao lado de alguém que está conversando no celular precisamente sobre o assunto que você queria saber. Embora eu ache falta de educação falar no celular dentro do ônibus, não foi nenhuma coincidência ou acidente o fato de ter obtido a resposta de que precisava. Eles estão lá em cima mexendo os pauzinhos, lubrificando as engrenagens e fazendo todo o possível para que você obtenha o que precisa.

Existe outra palavra que você prefira usar em vez de "coincidência"?

Bem, em vez de "coincidências", acho que são na verdade confirmações, porque elas confirmam a quase-perfeição do Outro Lado. Eu já ouvi muitas histórias sobre acontecimentos sincrônicos ocorrendo de maneira aparentemente impossível para a nossa compreensão limitada.

Fiz uma leitura para uma senhora uma vez e o espírito que entrou em contato foi o da irmã dela. A irmã me mostrava um anel e dizia à minha cliente, "com todo o meu amor", que é uma coisa que frequentemente acontece — me mostram um objeto que tem um significado especial para o cliente e para o espírito que se comunica a partir do Outro Lado. A minha cliente confirmou que sabia qual era o significado do anel e eu continuei com a leitura. Não parei para perguntar o que o anel significava — não queria saber. Procuro não deixar que as pessoas me contem coisas durante a leitura porque não quero perder o fio da meada com relação ao que está sendo comunicado e nem quero informações que possam deturpar o que estou ouvindo. Por isso só perguntei a ela, "Você sabe de que anel ela está falando?" e a minha cliente disse sim, ela sabia.

Depois da leitura, no entanto, ela me disse, "Concetta, eu quero lhe contar uma história".

Olha, se eu ganhasse dez centavos cada vez que alguém para quem estou fazendo uma leitura me diz isso, eu já teria uns quatro milhões de dólares! Veja o que ela me contou:

Quando a irmã morreu, a minha cliente quis guardar uma lembrança dela e escolheu um anel que ela costumava usar. O anel não era muito valioso, mas tinha grande valor sentimental para ela, por causa do seu significado, por isso ela não queria usá-lo para não correr o risco de perdê-lo. Ela guardou o anel num porta-joias. Um dia, ela estava olhando dentro do porta-joias e notou que o anel não estava lá. Ficou muito aborrecida, sem saber onde poderia estar o anel. Ela contou à família sobre o desaparecimento do anel, e a filha adolescente confessou que o tinha pego. Infelizmente, ela o usara ao sair com os amigos e o perdera. Ela não tinha ideia de onde isso poderia ter acontecido — eles tinham ido ao cinema, ao shopping e ao McDonald's. Ela poderia ter perdido em qualquer lugar e, fosse qual fosse, ela sabia que nunca mais veriam o anel.

Um ano e meio se passou. Um dia, o filho da minha cliente chegou em casa depois de ir ao cinema com os amigos. Ele disse, "Mãe, olhe o que eu encontrei!" e mostrou o anel. O anel da irmã dela! Ela disse, "Mas onde você encontrou isso?!" Ele disse, "Eu comprei pipoca e, quando cheguei no final do saquinho, lá estava o anel!"

Que coisa impressionante! Alguns poderiam dizer, "Mas que coincidência!"

Ora, como eu disse, na minha visão de mundo, coincidências não existem. Você pode dizer o que quiser sobre como o anel foi parar no saco de pipocas. Você pode criar toda uma história muito lógica. A filha perdeu o anel no cinema. Talvez o responsável pela limpeza tenha encontrado o anel. Ele pensa, "Oh, é um anel de mulher. Vou dá-lo para a Fulana de Tal", uma colega de trabalho. Então, a moça começa a usar o anel e um belo dia, enquanto trabalha na máquina de pipocas, o anel cai dentro de um saquinho sem que ela perceba. O cliente que compra o saquinho encontra o anel. E por acaso esse cliente é o filho da mulher a quem o anel pertence.

Poderia ter acontecido dessa maneira, claro. Mas você já calculou qual seria a probabilidade de um cliente comprar um saco de pipocas e achar ali dentro o anel da mãe que a irmã havia perdido ali um ano e meio antes? No meu modo entender, a única maneira de isso acontecer é com a ajuda de alguém para quem esse desfecho seria mais importante: a irmã falecida da minha cliente.

Os espíritos são os responsáveis pelo que consideramos milagres?

Eu acho que chamamos um acontecimento de milagre porque não conseguimos entender que a nossa vida cotidiana normal é o milagre e os milagres são na verdade a norma. O nosso mundo físico e o mundo espiritual estão completamente interligados. É só o fato de a maioria das pessoas acreditar numa separação fictícia entre esses dois mundos que faz com que comecemos a assobiar a canção-tema do antigo seriado *Além da Imaginação*, quando algo como um milagre acontece. Por que temos tanta dificuldade para aceitar isso?

Quando os espíritos querem que saibamos da sua presença, Eles costumam enviar um sinal?

Sim, mas temos que fazer a nossa parte também. Temos que nos lembrar de prestar atenção às pequenas coisas. Não é sempre que um balão cai do céu com uma mensagem escrita nele. Um tempo atrás, uma mulher me procurou. Ela queria fazer contato com a mãe. Disse que esperava que a mãe lhe mandasse um sinal de algum tipo e, embora tenha ouvido a mãe durante a leitura, isso não tinha sido suficiente para satisfazê-la — ela simplesmente não achava que podia confirmar as informações que recebera e estava realmente desapontada. Eu me senti péssima, mas achei que ela recebera uma boa quantidade de informações e as suas expectativas eram altas demais. Ela queria ouvir algo que realmente a impressionasse. Como o teto da casa desabando em cima dela e sapatinhos de rubi aparecendo de sob os escombros ou coisa assim. Então, tudo o que eu pude fazer foi dizer o que eu acreditava — que ela precisava se abrir mais para as coisas pequenas do dia-a-dia. Quando entramos em contato com os espíritos, não é como Hollywood. É uma coisa muito simples.

Naquele mesmo final de semana, ela foi a um casamento. Era um casamento italiano, tradicional — todos os exageros típicos dos casamentos italianos e *algo* mais. Ela estava sentada, conversando com alguém sobre como tinha saudade da mãe. Nesse mesmo instante a noiva pegou o microfone e disse que ela queria pedir à banda para tocar uma música especial para o noivo. A banda começou a tocar "Danny Boy" e a mulher explodiu em lágrimas. Aquela era a canção *irlandesa* favorita da mãe — sendo tocada num casamento tipicamente *italiano*, justamente quando ela falava da mãe! Ela me telefonou para contar que finalmente tinha compreendido. Eram coisas pequenas.

Podemos combinar um sinal com um ente querido para termos certeza de que estamos em contato com ele?

Claro que sim — já vi isso muitas vezes, e esse sinal pode ser combinado antes da morte do ente querido ou depois; pode funcionar dos dois jeitos.

Numa das minhas grandes apresentações, eu estava fazendo uma leitura para uma jovem que gostaria de entrar em contato com o irmão. Ele apareceu e transmitiu várias mensagens para a irmã. Não me lembro do que tratavam, mas sei que, no momento em que terminei, ouvi a palavra *pato*. Eu disse, "Ele está dizendo 'pato'. Você tem ideia do que ele está falando?" Ela explodiu em lágrimas! E disse, "Essa é a palavra que combinamos que seria o nosso sinal de que era ele mesmo que estava falando comigo".

Numa outra ocasião, um homem cuja esposa tinha falecido me procurou para uma leitura. Ele tinha o hábito de se comunicar com ela, conversar de vez em quando ao longo do dia, mas não tinha certeza de que era ouvido. Então ele marcou uma hora comigo e a esposa dele — o nome dela era Linda — não tardou em aparecer e dizer algumas coisas que ele confirmou. Então, no final da leitura, ele estava muito satisfeito e convencido de que não perdera tempo conversando com ela, mesmo não obtendo nenhuma resposta. Quando ele estava de saída, de repente vi outra imagem e disse a ele, "Por que ela está me mostrando isso?", e juntei as palmas das mãos, como se faz quando se vai rezar. Bem ele disse empolgado — abrindo o casaco e tirando de um bolso interno um lápis em cuja extremidade superior havia a figura de um par de mãos na posição de prece. Ele contou que tinha comprado um copo de café aquela manhã e vira sobre o balcão um copo com esses lápis — um daqueles artigos colocados ao lado do caixa para instigar o nosso impulso de comprar. Ele comprou um e disse para a esposa, "Linda, se você realmente estiver lá, me fale sobre isso". Ele já estava satisfeito com a leitura, só por causa das coisas que a esposa dissera, mas aquilo foi, para ele, a "cobertura do bolo".

Quais são as maneiras pelas quais os espíritos nos fazem perceber que Eles estão por perto?

Existe uma porção de coisinhas que os espíritos fazem para se fazerem notar. Uma das mais comuns é mover coisas. Você poderia ter uma escrivaninha perfeitamente organizada e encontrá-la totalmente em desordem, ou talvez só alguns objetos significativos fora do lugar, como uma fotografia caída ou moedas arrumadas numa fileira ou qualquer coisa estranha como essa.

Uma das minhas clientes sentia muita falta da irmã falecida. Ela costumava conversar com o retrato dela, que ficava na sala de estar. Simplesmente olhava o retrato e conversava com a irmã, implorando para que ela desse algum sinal de que ainda estava por perto. Mas nunca obteve nenhuma resposta. Um dia, depois de mais uma vez fitar o retrato e conversar com a irmã, ela saiu da sala frustrada, só para ouvir atrás dela um baque alto de algo caindo no chão. Ela correu de volta para a sala e descobriu uma pequena placa de resina caída no chão de madeira. Na placa estava escrito "Irmãs são para sempre".

Outra cliente tinha certeza de que o marido falecido estava por perto, pois ela vivia encontrando moedas espalhadas pela casa que, ela sabia, "não deviam estar onde estavam". E ela tinha certeza de que ele movia as moedas de lugar para que ela as encontrasse. Talvez haja uma foto ou pintura na parede que teime em ficar torta, muito embora você viva endireitando-a. Isso é muito comum — mover objetos à nossa vista, fazer coisas caírem ou virarem, ou, às vezes, se Eles tiverem um senso de humor extravagante, esconder coisas de que precisamos, embora eu não acho que façam isso com coisas realmente importantes para nós — Eles só gostam de nos ver meio malucos de vez em quando só por diversão.

Há outros sinais que os espíritos costumem usar?

Quase sempre são coisas bem pequenas. Você pode notar um leve aroma do perfume que a sua mãe costumava usar ou da loção pós-barba do seu pai. Às vezes são sons — eu tenho uma cliente que me contou que toda a família tinha a impressão de ouvir os passos da mãe dela pela casa. A mãe usava um andador, por isso o barulho que fazia era inconfundível. Claro que, quando fiz a leitura para ela, a mãe confirmou que tivera que praticamente sapatear com o andador para que a família percebesse a presença dela na casa!

Certos animais — muitas vezes tartarugas ou sapos, por alguma razão — também podem aparecer no seu caminho de uma maneira inesperada. Talvez um pássaro ou uma borboleta.

Se associamos algo simbólico
com um ente querido falecido,
quando vemos esse símbolo,
isso significa que esse ente querido
está presente ou simplesmente que ele
enviou esse sinal para nós?

Já vi muitas pessoas fazendo confusão por causa disso. Se a sua mãe adorava ver as primeiras revoadas de andorinhas na primavera e você associa as andorinhas a ela, e depois que ela morre você começa a ver andorinhas em todo lugar ou talvez uma andorinha chegue bem perto de você, *não* pense que essa andorinha é a sua mãe. No entanto, é bem provável que ela esteja fazendo você ver andorinhas, porque sabe que esse pássaro faz você pensar nela.

Eu me lembrei agora da história de uma mulher que me procurou para fazer uma leitura. Ela me disse que, antes de morrer, o marido tinha dito que mostraria a ela uma borboleta como um sinal de que ele ainda estava por perto. Então, ela vivia procurando borboletas, mas ficou muito desapontada porque nunca vira uma. Então, uma tarde, ela saiu com um casal de amigos para jantar fora. Antes de fazerem os pedidos, estavam conversando sobre o marido dela, de quem todos sentiam muita falta. Por fim, eles abriram os cardápios e viram a figura de uma enorme borboleta — era o emblema do restaurante. Ela não tinha se esquecido do que a borboleta significava! Por isso é bom lembrar que nunca sabemos como o contato acontecerá — mesmo que você pense que sabe o que está procurando. Não fique desapontado se nenhuma borboleta literalmente pousar no seu nariz.

Se recebermos um sinal do Outro Lado, como podemos responder?

Isso é fácil. Diga apenas, "Eu também te amo!" Na verdade, não importa nem um pouco se você disser isso em voz alta, se sussurrar ou se apenas pensar. Eles são telepatas, leem os nossos pensamentos. Diga do jeito que quiser. Você pode escrever ou pode cantar. Eles ouvem você de qualquer maneira.

Qual é a verdade acerca da reencarnação? Como ela funciona?

O que eu acredito, com base no que Eles me dizem e mostram, é que nós realmente voltamos, várias e várias vezes, em corpos diferentes, com o propósito de aprender muitas coisas. Nós voltamos em grupos — existem pessoas com as quais já convivemos antes. Os grupos de almas são bem grandes, não consistem numa única família, nem mesmo na nossa família estendida. Reconhecemos os sentimentos que temos pelas pessoas quando as encontramos pela primeira vez aqui, sejam elas boas ou ruins, por causa das vidas que partilhamos com elas antes.

É muito mais do que um "grupo de almas", é mais como um campo energético. Quando morremos, voltamos para o Outro Lado. Aqueles que amamos e aqueles que perdemos estão todos lá, esperando por nós. Qualquer um que tenha sido importante para você na sua vida estará lá quando você chegar. Eles não vão embora enquanto você não chegar. Por exemplo, se a mãe de uma criança morre quando a criança nasce ou quando ela ainda é pequena, essa mãe não reencarna enquanto esse filho não partir desta vida. Ela esperará por ele, literalmente a vida toda. De qualquer maneira, lá o tempo não significa muita coisa. Essa criança *saberá* quem é a mãe dela antes que as duas voltem a reencarnar.

Para que a reencarnação aconteça, é preciso que se façam um acordo e um planejamento com Deus e os Mestres espirituais da alma. Os espíritos escolhem onde e quando querem reencarnar. Nós reencarnamos sempre com o propósito de aprender alguma coisa e ajudar as pessoas, ensinando algo e aprendendo também.

Novas almas ainda são criadas ou somos o mesmo grupo de almas antigas que continua se reciclando?

Não acredito que novas almas ainda estejam sendo criadas a esta altura. Acho que somos um grupo de almas antigas que continuam reencarnando aqui e depois voltando para casa. Sinto que essas almas, que chamamos de "almas antigas" são simplesmente mais experientes, talvez porque tenham exigido mais delas mesmas durante várias vidas encarnadas. As almas conservam a sua personalidade, por isso, se você pensar, verá que isso faz sentido. Se você é uma alma indolente, provavelmente não vai aproveitar da melhor maneira possível o tempo que passar neste planeta, porque simplesmente não se esforçará. Não estou dizendo com isso que, alguém que não ande por aí correndo de lá para cá, ocupado com um monte de coisas, mas que seja profundamente meditativo e filosófico seja preguiçoso. Não é a mesma coisa. Você pode estar acumulando experiência e conhecimento, pode estar crescendo, embora não pareça exteriormente ativo, se for uma pessoa centrada e estudiosa. Quando digo preguiçoso, quero dizer alguém que se satisfaz em sentar-se no sofá e ver TV, esperando que o alimentem na boca em vez de tentar fazer as coisas por si mesmo, sair e ajudar os outros ou coisas assim. Você pode ver que uma alma que está se esforçando para aprender é uma "alma antiga" enquanto outra que se contenta em reencarnar várias e várias vezes sem "suar a camisa" continua sendo, em termos espirituais, um bebê. Também pode ser que a alma "infantil", embora tenha sido criada na mesma época que a "antiga" não tenha escolhido voltar à Terra com tanta frequência. Pode ser que ela tenha passado longos períodos do Outro Lado jogando baralho ou algo parecido.

Quando uma criança é concebida, trata-se de uma alma nova ou não?

Não, não creio que seja. Uma criança é apenas uma alma voltando para uma nova missão de vida, uma nova tarefa de vida, uma nova experiência de vida. Todos nós já estivemos aqui antes. Podemos voltar no corpo de um homem ou de uma mulher, de qualquer raça ou cor, em uma parte do mundo ou em outra. Mas trata-se apenas de outra viagem. Já ouvi muitas histórias sobre pessoas que visitaram outro país nas férias, sem saber por que se sentiram atraídas por esse determinado lugar, e quando chegaram lá sentiram que já o conheciam. Também há casos de crianças muito novinhas que falam fluentemente uma língua estrangeira que ninguém da família fala. De algum modo, em ambos os casos, existe alguma memória de uma vida passada que se manteve quando essa alma voltou para este lado do véu e nasceu novamente. Eu não sei por que isso acontece às vezes. Não é frequente, mas não se trata de um sistema perfeito. Deus é perfeito, mas qualquer coisa que envolva a nós, seres humanos, é suscetível a falhas.

O que acontece quando um bebê sofre um aborto espontâneo ou provocado? Para onde vai a alma dele?

Existe uma diferença entre essas duas situações, embora em ambos os casos trate-se de uma alma voltando para o Outro Lado, em vez de nascer num corpo e viver na matéria. Lições ainda aguardam essa alma, assim como a mãe e todas as pessoas da vida dessa mulher que tenham qualquer associação com o bebê que estava para chegar.

A primeira coisa a lembrar é que a alma fez um acordo para encarnar e compreender as circunstâncias dessa encarnação; compreender plenamente que ela não ficaria na Terra por muito tempo, ou nem chegaria a nascer, no sentido convencional. Tudo foi planejado antecipadamente e de comum acordo.

A segunda coisa a lembrar é que existe um karma, uma lição e um equilíbrio envolvidos. Essa é uma questão entre Deus e cada uma das almas ligadas a esse nascimento. Em diferentes épocas da história ou lugares do mundo, pode-se aceitar que se amarrem os tornozelos dos recém-nascidos com defeitos físicos e os deixem expostos às intempéries, na crença de que uma criança com um corpo imperfeito nunca teria uma vida "boa"; ou que se ponha fim a uma gravidez caso um exame constate defeitos congênitos; ou que, se o bebê for uma menina, pode ser abortado ou deixado para adoção. Todas essas situações e decisões têm relação com o karma — escolhas e lições — e embora possamos ter uma opinião a respeito e até votar por uma legislação que esteja de acordo com ela se moramos num país democrata, em termos espirituais não somos os juízes. Só Deus pode julgar.

Segundo o meu entendimento, quando uma alma se apresenta antes do nascimento, ela na verdade fica transitando entre o embrião crescendo no útero e o Outro Lado. Ela não entra na barriga da mãe e fica ali ao longo de toda a gravidez, mas adere ao embrião no último estágio, durante os últimos dois meses da gravidez.

Então, quando ela vai para casa, volta através do túnel. Por tudo o que eu já ouvi dos espíritos, acredito que existam três túneis. Um amarelo, pelo qual passa a maioria das almas que desencarna, aqueles de nós que viveram uma vida relativamente normal e têm uma quantidade normal do que chamaríamos de "pecados". Existe um túnel negro para as almas daqueles considerados "perversos", aqueles que tiraram uma vida humana, por exemplo. (Não existe punição na Terra que se compare com o que acontece do Outro Lado com esses indivíduos. Embora possam merecer essa punição, é trágico). E existe o túnel azul, reservado para aquelas almas que fizeram a passagem ainda bebês ou fetos. Eu não sei por que existe esse túnel específico para aqueles que passam um período mais curto na Terra, no entanto é isso que me é mostrado.

Por que algumas pessoas morrem em idade avançada e outras morrem jovens?

Bem, em primeiro lugar, é claro que todos nós vamos morrer. O lugar e a data fazem parte do nosso destino, e eu realmente acredito que existam razões para as coisas que possamos não entender. Eu sei que essa pergunta, especialmente quando ela está relacionada a uma pessoa jovem, causa muita dor de cabeça deste lado. As pessoas querem saber *por quê*, que é uma pergunta a ser respondida do Outro Lado. Eu certamente tenho as minhas próprias perguntas do tipo "por quê", que tenho certeza de que farei a minha vida toda, muito embora saiba que elas só serão respondidas quando eu voltar para casa. Só Deus sabe "por quê".

Um dia chegaremos ao ponto de nunca mais reencarnar?

Sim, acredito que chegaremos a um ponto em que não precisaremos mais voltar para cá. Eu não sei quanto tempo isso levará — provavelmente mais tempo para algumas pessoas do que para outras —, nem o que é necessário para que aconteça. Existem Mestres extremamente evoluídos que ajudam os espíritos dos níveis inferiores de crescimento, disso tenho certeza. Mas eu realmente gostaria de saber mais sobre esse assunto, pois é algo que também me intriga.

Estamos todos aqui para aprender lições?

Isso mesmo.
Por exemplo. Quando John e eu resolvemos ficar juntos, imediatamente soubemos que haveria problemas. Eu sempre fui cercada de muito amor e carinho pela minha família. Mas, com John e a família dele, fui cercada de energia negativa. Detestei isso, mas os espíritos me afirmaram que John estava na

minha vida para me ensinar algo. Continuaram por muito tempo pedindo que eu tivesse paciência. Eu costumava não ter paciência nenhuma. Nenhuma tolerância. Ficava zangada com facilidade se alguém não me entendia — eu simplesmente não tinha nenhuma experiência nessa área por causa do modo como fui criada. Por outro lado, John tinha vivenciado negatividade durante toda a sua vida e, em consequência, não era de fazer "alarde" por causa disso. Essa atitude me deixava furiosa, porque eu achava que a família dele estava me tratando muito mal e ele não me defendia. Nós éramos realmente muito diferentes na nossa maneira de lidar com isso, para dizer o mínimo. É difícil dizer que esse tipo de experiência seja bom para alguém, mas para mim foi quase como se eu precisasse viver a negatividade para entender. E eu precisava aprender a deixar que as outras pessoas tivessem liberdade para pensar como quisessem. Você não pode agradar todo mundo, e nem todo mundo vai "ganhar" ou agradar você também. Você tem que deixar que as outras pessoas tenham liberdade para ter as suas próprias ideias e opiniões. Por isso o meu relacionamento com John realmente me ensinou a ter paciência.

Eu estava recebendo auxílio, durante todo esse tempo, e às vezes de um jeito pouco usual. Nunca conheci o pai de John; ele já era falecido quando nos conhecemos. Às vezes, quando John e eu brigávamos, íamos para a cama furiosos e nos encolhíamos cada um de um lado da cama, para ficar o mais afastados possível um do outro, como se houvesse uma parede no meio do colchão. Então eu acordava no meio da noite com alguém tocando o meu ombro — o pai de John, Leo — e me dizendo, "Ei, ele não entende. Mas você tem condições de entender". Então eu me aproximava de John e colocava os braços em torno dele e ele se derretia todo. Acordávamos no dia seguinte prontos para um novo dia e um novo começo.

Existe um modo de sabermos qual é o nosso karma e que lição precisamos aprender aqui na Terra?

Todos nós estamos aprendendo, ao longo de muitas vidas, com os nossos próprios erros e escolhas. O karma é como equilibrar positivo e negativo, mas por trás dele sempre há um propósito. Às vezes as coisas que nos parecem injustas ou que pensamos que não queremos podem ser a lei do karma em ação. Por outro lado, isso pode estar ligado a uma importante razão para estarmos vivendo aqui, agora, neste lugar e nesta época.

Na minha própria vida, John é uma pessoa que eu amo muito e com quem convivo há quase 25 anos. Mas nós não tivemos filhos. Tive que optar: nada de filhos, mas um casamento com um grande homem, e por isso eu sou muito grata. Esse é um tipo de compensação, mesmo que eu tivesse optado por seguir outro caminho para buscar esse equilíbrio. Mas em termos de propósito, o fato de não ter filhos me permite fazer o trabalho que eu faço. Se eu tivesse, não teria tempo e não acredito que teria coragem de me arriscar. Eu não ia querer expor os meus filhos ao perigo potencial de ser vista como uma pessoa "esquisita" ou coisa pior. Ter uma vida pública tem sido muito difícil e, francamente, eu não acredito que teria feito essa opção se tivesse filhos. Porque eu realmente acredito que nasci para fazer este trabalho, isso seria um problema, por isso posso olhar para isso e dizer, sim, existe um porquê para tudo o que acontece na minha vida.

Embora algumas coisas pareçam muito óbvias até para um leigo, que dirá um terapeuta, eu não tenho condições de falar para outra pessoa quais são as lições que ela tem que aprender aqui. Eu não sou Deus, por isso só posso ter um palpite. Deus é o único que sabe com certeza. Mas eu realmente acho que, se formos honestos o suficiente ao analisar todos os detalhes que compõem a nossa vida, poderemos ver um padrão e um propósito. E, mesmo que nós não consigamos perceber esse padrão e esse propósito, quando fizermos a nossa passagem nós sem dúvida saberemos as razões para tudo o que não entendemos aqui.

É o karma que determina se somos ricos ou pobres?

Sim, em grande medida é o karma que determina isso. Mas trata-se na verdade de uma combinação de coisas. Nós encarnamos, nascemos com determinados pais, num determinado conjunto de circunstâncias, incluindo a nossa personalidade, a nossa aparência, o nosso nível de consciência, etc. Estamos aqui para enfrentar o desafio de viver encarnados, tomar decisões, viver — dignamente ou não — e arcar com as consequências das nossas decisões. Talvez tenhamos decidido nascer com dinheiro ou talvez o nosso desafio seja ver se conseguimos ficar ricos por nosso próprio mérito, depois de ter nascido na pobreza. Talvez ganhemos dinheiro, mas tomemos decisões ruins e o percamos. Talvez ganhemos dinheiro, ou nasçamos ricos, mas então, por algum motivo, não aproveitemos essa chance. Muitas pessoas nascem em berço de ouro, mas não têm uma aparência ou personalidade atraente e podem se ressentir do dinheiro que têm, pois acham que os outros só procuram a companhia delas por causa dele, ou podem usar esse dinheiro para punir as pessoas que supostamente não gostam delas.

Às vezes, eu vejo uma pessoa que aparentemente tem tudo na vida — uma boa aparência, uma polpuda conta bancária, um lindo relacionamento, filhos saudáveis. Tudo isso dado por Deus. Uma pessoa de sorte. Mas, quando vejo esse tipo de pessoa, suponho que ela tenha merecido isso fazendo boas escolhas e tratando bem os outros. Se ela fizer escolhas ruins, mesmo sendo alguém tão abençoado, poderia perder tudo. Para ela ter recebido tantas bênçãos, houve uma razão, mas o modo como vai lidar com essa ventura trará consequências, boas ou ruins.

Se o Outro Lado é tão maravilhoso, por que tomamos a decisão de voltar?

São muitos os embates e conflitos que vêm com a carne e que os espíritos não têm que enfrentar do Outro Lado. Isso parece maravilhoso, eu sei. Mas nunca enfrentar desafios não é o ideal. Nós aprendemos por meio deles. É quase impossível para os espíritos continuar aprendendo e crescendo sem eles. Por isso Eles optam por voltar, evoluir e acumular cada vez mais conhecimento. É assim que atingimos um patamar mais alto de desenvolvimento espiritual.

O que você quer dizer com "desenvolvimento espiritual"?

O desenvolvimento espiritual se compara à educação que recebemos deste lado. Assim como continuamos a estudar para elevar o nosso nível de instrução, continuamos a voltar à matéria para que possamos nos graduar e passarmos para níveis mais elevados.

Para evoluir espiritualmente, é necessário se dar bem com todo mundo?

Aqui no mundo físico, ninguém é perfeito. Não temos a mesma personalidade nem o mesmo jeito de ver as coisas. Isso também acontece do Outro Lado, mas o que Eles têm e que nos faltam é a perspectiva de que todos estamos aqui para amarmos uns aos outros, de que somos todos parte de Deus e, portanto, ninguém é melhor do que ninguém. O que Eles sabem do Outro Lado é que, se uma pessoa está "certa" sobre alguma coisa, isso não significa que a outra pessoa seja ruim; nós ainda precisamos aceitá-la. Aqui, nós sempre queremos estar certos ou nos vingar ou talvez evitar as pessoas que não se comportam do jeito que apreciamos. Lá, entendemos que todos estamos perdoados e que não cabe a nós julgar ou punir ninguém.

Do Outro Lado, espera-se que paguemos pelo nosso mau comportamento aqui?

Não estou certa de que isso seja necessário, mas sei que muitas vezes, quando estou fazendo uma leitura mediúnica, o espírito vem se desculpar por algo que disse ou fez quando estava encarnado. Pode ter ocorrido uma disputa na família e o espírito quer pedir desculpas pela parte que lhe coube ou, se a disputa continua, quer pôr um fim nela. Por exemplo, eu posso dizer que o pai de John, Leo, era alcoólatra e fez e disse muitas coisas muito nocivas para John e a família dele. Eu sei, porque Leo me contou, que ele queria compensar esse erro que cometeu com John. Acho que, quando John e eu tivemos problemas conjugais e Leo me lembrava de que eu já sabia que não devia tratar John daquele jeito, essa foi a maneira que ele encontrou de fazer algo positivo pelo filho que tinha ferido. Quanto a mim, posso dizer francamente que, desde o início, nunca me dei bem com a minha sogra. Eu sei que não é isso o que Deus quer, e eu realmente me esforço. Mas, sendo humana, ainda não consigo lidar muito bem com isso. Terei que descascar batatas do Outro Lado? Duvido que alguém vá me forçar a fazer isso, mas estou consciente de que, depois que deixar o meu corpo e o meu orgulho para trás, posso ficar desapontada comigo mesma por não ter me esforçado mais para melhorar as coisas com relação a esse assunto.

Isso significa que esperam que abracemos quem nos feriu?

Bem, Jesus disse que, se alguém nos bater, devemos oferecer a outra face. Eu não estou bem certa se estou de acordo com Jesus quanto a isso! Estou brincando..., mas acho que isso é mal-interpretado às vezes. Acho que, na realidade, Jesus quis dizer que temos que perdoar, que, para nós, seres humanos, às vezes é mais fácil falar do que fazer. Eu sei que não somos obrigados a deixar que ninguém nos fira, especialmente várias e várias vezes. Nenhum de nós nasceu para ser um capacho em que as pessoas pisem. Mesmo que parecemos ter um karma com alguém, talvez acreditando que fizemos mal a essa pessoa numa vida passada, não vamos compensar isso deixando que ela nos fira desta vez, mas fazendo algo de bom por ela nesta vida. Se alguém nos ferir, precisamos saber que essa pessoa está criando um karma para si mesma e que, um dia, terá que ser resgatado. Precisamos nos afastar dessa situação. Trata-se de uma lição *dela*.

Digamos que um homem ame a esposa. O amigo lhe diz que a viu no motel com outra pessoa. Ele não acredita no amigo. Mas, então, encontra a esposa na cama com outro homem na sua própria casa. Ele tem que ficar com ela? Talvez tenham filhos — ele deve se sentir culpado por pedir a separação? Claro que ele terá que tomar providências com relação aos filhos. Pode até decidir perdoar a esposa e manter a família — ele tem todas essas opções, mas trata-se de uma lição kármica. Numa escala menor, se alguém apenas o trata mal, você não precisa ficar horas pensando se haveria uma razão kármica por trás disso. Na maior parte do tempo, não é preciso nem dizer mais nada. Simplesmente não deixe que essa pessoa invada o seu espaço, não dê a ela nem mais um pingo da sua energia.

> Se estamos vivendo uma situação kármica nesta vida com uma pessoa, nós a veremos novamente na próxima vida?

Sim. Pense no meu último exemplo. O homem que encontrou a esposa na cama com outro homem terá que interagir com ela novamente em outra vida, mas não será do mesmo modo. Talvez da próxima vez eles sejam colegas de trabalho e ela tenha a oportunidade de ajudá-lo, tornar a vida dele melhor, fazê-lo feliz, nem que seja por um dia. Ela terá a chance de reparar o erro. Ele não deve nada a ela. Quando algo assim acontece, podemos ficar imaginando que lição a pessoa precisava aprender — mas isso acontece porque somos humanos e adoramos enigmas. Não dá para saber!

Se um membro da nossa família ou uma pessoa querida nos causou um grande sofrimento nesta vida, ficamos irrevogavelmente ligados a ela do Outro Lado?

Certamente que não. Deste lado, as pessoas podem demonstrar total desconhecimento com relação ao mal que fazem aos outros. Elas não têm ideia das grandes consequências que podem causar na vida daqueles a quem prejudicam ou, se têm, não dão a mínima. No entanto, elas também não percebem que, do Outro Lado, terão que responder pelos seus atos. Terão que sentir toda a experiência e o efeito dominó de tudo o que fizeram, todas as consequências dos seus atos, toda a dor que causaram na outra pessoa. Isso não é nada agradável, tenho certeza. Nem posso dizer quantas vezes um espírito que passou por isso comunica-se durante uma leitura, desculpando-se profusamente para a pessoa que feriu quando encarnado. O interessante é que a energia desses espíritos é muito diferente da energia daqueles que entram em contato regularmente e que praticaram atos nem tão bons nem tão ruins. Embora a maioria dos espíritos se mostre para mim como uma luz clara e brilhante, o espírito culpado de cometer um crime ou uma crueldade tem uma energia mais escura e acinzentada. Talvez a pessoa que ele tenha prejudicado tenha precisado fazer terapia pelo resto da vida, talvez nunca volte a confiar em ninguém ou nunca mais tenha um relacionamento amoroso saudável, pois foi profundamente ferida. Quando chega do Outro Lado, o espírito quer reparar o que fez. Ele se desculpa profusamente com a própria alma da pessoa, pois sabe que o mal que lhe fez afetou-a no cerne mais profundo do seu ser.

Temos que aceitar as desculpas dos espíritos que nos causaram mal?

Não, não temos. Somos seres humanos, ninguém espera que sejamos santos. Podemos viver simplesmente com a certeza de que esses espíritos estão pagando pelo que fizeram conosco. Acredito que, do Outro Lado, nós os perdoaremos, mas eu não vou tentar convencer ninguém que ainda esteja no corpo e ainda sofra com a dor que lhe causaram. Quando chegarmos lá, cada um de nós viverá as suas próprias experiências. Até então, temos de nos esforçar ao máximo para viver bem e com plenitude, sem a obrigação de sermos santos.

Existe algum tipo de hierarquia na vida após a morte?

Acredito que existam muitos níveis do Outro Lado. Esses níveis estão ligados ao modo como vivemos a nossa vida aqui e aos estágios do nosso crescimento espiritual. Existem diferentes níveis de realização e entendimento. O espírito superior de Deus está no ápice dessa evolução.

Existe uma razão que explique por que encontramos cada pessoa com que cruzamos nesta vida?

Todas as pessoas que encontramos nesta vida já são nossas conhecidas. Todos que passam pela nossa vida já conhecemos antes. Pode ter sido um encontro muito breve ou um relacionamento, porque esse encontro só serviu para ajudá-lo a ir do ponto A para o ponto B, ou para ajudá-lo a aprender rapidamente a lição trazida por esse relacionamento. O frentista do posto de gasolina, que você mal conhece nesta vida, pode ser seu irmão na próxima. Existe um conhecimento profundo em todos nós, mas normalmente passamos pela vida sem reconhecer essas coisas. Ainda assim, no âmago do nosso ser, algo reconhece essas verdades. Não é má ideia, de vez em quando, parar e pensar em alguém que você conhece e imaginar o que essa pessoa pode realmente representar para você. Eu acho que trataríamos um ao outro muito melhor se pensássemos que a pessoa ao seu lado no metrô pode ter sido um parente querido numa outra vida.

O que é um Mestre espiritual?

Eu honestamente não sei se todas as pessoas têm os mesmos Mestres. Não sei quem são esses Mestres. Sei que Eles são uma energia muito "evoluída". Para explicar o que significa "evoluído", sempre digo que é como alguém que terminou o fundamental, o ensino médio, a faculdade e a pós-graduação, e depois fez mestrado e doutorado. Você espera mais de uma pessoa que já tenha doutorado. Espera muito mais de uma pessoa que tenha um nível mais elevado de instrução, que já tenha atingido graus mais avançados. Cada Mestre espiritual nos ajuda num tipo diferente de problema.

Você tem medo da morte?

De maneira nenhuma. Não tenho medo nenhum, só receio o modo como vou morrer. Sou humana e isso é normal. Ir para casa, voltar para o Outro Lado, não é algo a se temer. Eu não tenho medo nenhum, pois vou encontrar o meu pai e o meu irmão, que já foram antes de mim, e os meus outros parentes, de quem nem me lembro mais. Eu já fiz contato com Eles e sei que estão lá. Não tenho medo da morte, mas tenho medo de ficar sozinha e não ter ninguém que me ame aqui deste lado. John é tudo na minha vida. Eu não tenho filhos, por isso John e eu nos tornamos uma "unidade" juntos. Como a maioria das pessoas, eu tenho medo da solidão e de não ser amada. Em certo sentido, eu me envergonho um pouco desse medo. Eu esperava mais de mim mesma. Já encontrei tantas pessoas valentes, que perderam o cônjuge, e eu as admiro porque muitas vezes me pergunto o que eu faria na mesma situação. Às vezes, o medo é tão grande que me faz querer morrer primeiro. É um pensamento egoísta, mas é verdade.

Você já ajudou a polícia a resolver algum caso?

Já, eu trabalhei com a polícia algumas vezes. Uma vez a polícia de uma cidade próxima não conseguia localizar um jovem, mesmo depois de efetuar uma busca de algumas semanas. Uma detetive de Cedar Grove, New Jersey, me telefonou e perguntou se eu poderia lhe dizer se o jovem tinha morrido. Eu disse que sim. Os espíritos me disseram que ele estava morto, estava num carro e dentro d'água. Também me disseram que o encontrariam em "dois". Se Eles estavam se referindo a dois dias, duas semanas ou dois meses, não pude dizer. Mas eles o encontraram em duas semanas, sob uma ponte. O carro havia caído da ponte e ele se afogara.

Numa outra ocasião, a polícia me ligou por causa de um jovem que tinha desaparecido sem deixar rastro. Eu disse a eles que esse jovem estava vivo, mas que o desaparecimento dele tinha relação com drogas. Os espíritos me disseram que eles o encontrariam em "três". Três dias depois, ele ligou para casa de um ponto de venda e consumo de *crack*, em Los Angeles.

Eu faço muitos trabalhos no México e há muitas pessoas desaparecidas lá. Não trabalho com a polícia desse país, mas tenho feito leituras para pessoas que perderam membros da família e consigo saber se os seus entes queridos estão vivos ou mortos.

Como você se sente com relação aos filmes e seriados de TV que falam de médiuns?

Para ser franca, eu não assisto muito à TV, mas sempre acho fantástico quando Hollywood trabalha com atores que realmente têm o dom de retratar a experiência de uma maneira que pareça legítima e respeitosa.

No passado, os programas e filmes tinham muitas bobagens que só serviam para entreter o público (pessoas voltando do além cheios de sangue e toda essa coisa), mas não é assim que os espíritos de fato aparecem. Eles não estão interessados em aterrorizar nem atormentar os vivos. Eles se mostram muito pacíficos e a sua intenção é apenas transmitir mensagens e tentar ajudar as pessoas que estão deste lado. Eles parecem ter saído diretamente do seriado *Médium* e acho que Patrícia Arquette realmente sabe o que é nascer com o dom que eu tenho. Pode ter certeza que essa garota fez muita pesquisa.

Ouvir os espíritos o tempo todo incomoda você?

A maioria das vezes, eu acho uma grande sorte ser abençoada com essa capacidade. Mas pode ser difícil, especialmente, como eu disse, na hora de dormir. Eu os ouço subindo e descendo as escadas, rindo e conversando. Eles estão sempre à minha volta. Mas se eu realmente preciso de paz e tranquilidade, realmente sou capaz de dizer, muito simplesmente, "Por favor, em nome de Deus, vá embora". Eu só digo isso quando sinto que preciso ficar quieta e sozinha". Nesses momentos, pedir a proteção de Deus é suficiente para calar as vozes. Mas eu me acostumei tanto a essa conexão que às vezes tenho dificuldade para ficar aqui deste lado. Às vezes, à noite, eu faço viagens astrais e deixo o corpo para visitar o Outro Lado. Quando estou lá, sempre quero ficar, mas o meu pai e o meu irmão sempre me dizem que tenho de voltar. Ainda não terminei o meu trabalho aqui deste lado.

Você pode explicar o que é viagem astral?

Viagem astral é o ato de deixar o corpo para visitar o Outro Lado. O nosso espírito pode deixar o corpo deslizando através dos pés ou se elevando acima dele, quando estamos deitados de costas. Quando eu planejo uma viagem astral, adormeço de costas na cama, para que o meu espírito possa sair com mais facilidade. O meu espírito fica em pé ao lado da janela do quarto e então pode passar para o Outro Lado. Eu nunca saio do meu quarto pela porta, porque o corredor costuma estar cheio de espíritos, em geral aqueles que visitaram os meus clientes aquele dia ou que sabem que um ente querido terá uma consulta comigo no dia seguinte e aparecem mais cedo. Eu simplesmente não quero vê-los quando estou nesse estado.

Da janela do meu quarto eu vejo as cenas mais lindas que já contemplei: picos nevados a perder de vista, lindas praias de areia branca e céu azul anil, campos de flores que se perdem no horizonte. Quando eu salto para dentro desse mundo, passo para outra dimensão. São tantos planos diferentes que nunca sei exatamente o que vou ver. Muitas vezes fico flutuando numa sala branca com todos os meus parentes que já faleceram.

É preciso ser médium para sair do corpo?

Não, não. Todo mundo sai do corpo de vez em quando. Sabe aquela sensação de que vai cair da cama enquanto dorme? Ou quando acorda e não consegue se mexer, tenta gritar e não consegue? Nesses casos, o seu espírito acordou antes do corpo. Quando isso acontece, você precisa visualizar os seus dedos se mexendo e pensar, "Por favor, meu Deus, traga o meu corpo de volta para o meu espírito", e então você acorda completamente.

Qual a melhor coisa do fato de ser médium?

Ah, existem muitos aspectos do meu trabalho que eu adoro. Adoro assegurar as pessoas de que existe vida após a morte. Adoro transmitir a mensagem de que nós todos pertencemos uns aos outros. Adoro dizer aos meus clientes de que o mais importante gesto na vida e na morte é um sorriso.

Quais foram as lições mais importantes que você já aprendeu como médium?

Posso dizer algumas coisas que aprendi como pessoa. Aprendi a considerar cada momento precioso e não desperdiçá-lo, não desperdiçar *coisa alguma*. Aprendi a recolher lixo do chão, mesmo que não tenha sido jogado por mim; a manter este mundo tão belo quanto possível, mesmo sabendo que ele nunca mais será tão perfeito como quando Deus o criou. Aprendi a manter uma atitude positiva e, sempre que fico com raiva ou coisa assim, me desculpar por *qualquer* razão que seja e dizer, "Deixa disso, garota". A vida é preciosa demais para desperdiçar com besteira.

Como médium, aprendi como é importante nos distanciarmos um pouco de nós mesmos — e não estou me referindo aqui à viagem astral — e ver o que estamos fazendo de errado. Você não precisa ser médium para fazer isso. Qualquer um realmente interessado em aprender com a vida pode agir dessa maneira. Ser um bom ouvinte também é importante. Ouça aqueles em quem confia, seja a sua mãe, a sua irmã ou o seu melhor amigo — essa pessoa será sincera. Os espíritos podem ser brutalmente sinceros, mas é porque Eles nos amam profundamente. É muito bom ter esse tipo de amigo de ambos os lados do véu. Se você realmente quer aprender alguma coisa, ser totalmente sincero pode ser uma boa ideia.

Os espíritos alguma vez lhe mostraram números da loteria?

Para ser franca, eu realmente não estou interessada em números da loteria. Não foi para isso que resolvi usar a minha capacidade. Mas eu realmente *sei* quando vou ganhar uma rifa! Eu adoro contar uma história que me aconteceu:

Existe um restaurantezinho familiar adorável em Boonton, chamado *Top of the Park* — ele é dirigido por um casal de italianos e os dois filhos, e a comida é espetacular. Toda Páscoa eles rifam um gigantesco ovo de chocolate Perugina. Quando eu digo gigantesco, quero dizer *giganteeeeesco* — ele tem quase a minha altura! Então, em abril eu comprei cinco números da rifa por dez dólares. Quando comprei os números, eu ouvi alguém sussurrar no meu ouvido — Eles me disseram que eu ia ganhar! Então eu disse, "Joe, vou ganhar este ovo!", e ele só deu risada. Tenho certeza de que todo mundo diz isso. Então eu disse, "Quando eu ganhar este ovo, vou dividi-lo com todo mundo". Ele disse, "Ah, que bom!" Claro que não acreditou que eu tivesse mais chance de ganhar do que qualquer outra pessoa.

Então chegou o dia e o padre sorteou a rifa. Tirou da urna o número ganhador e leu o meu nome. Assim como Eles me disseram, eu ganhei o ovo. Não me esqueci do que tinha dito a Joe — pedi a ele um martelo, quebramos o ovo e demos um pedaço a cada pessoa presente no restaurante.

Tudo ficou muito bem, todos ficaram felizes. Mas então Joe ficou curioso para saber como eu sabia que ia ganhar. Ele disse,

"Vamos só ver quem ganharia se não fosse você, Concetta". Havia em torno de 450 números na urna. Ele colocou a mão dentro da urna e tirou dali outro número. O meu nome apareceu novamente. Uau! Que coincidência! Todos riram muito. Então, Joe mais uma vez sorteou um número da urna. Meu Deus. Era o meu nome de novo! Ele mais uma vez sorteou um número e pela quarta vez — fui a sorteada! Ele estava boquiaberto — desistiu de sortear mais números!

Quando surge uma disputa por causa da herança de um parente que faleceu, os Espíritos interferem? Eles tomam partido?

Eles não tomam o partido de ninguém. Não veem utilidade nem se apegam a nada que seja material, e certamente não precisam de dinheiro. Mas essa é uma questão que sempre vem à baila nas leituras. Às vezes Eles se mostram decepcionados ou me pedem para dizer ao cliente para "deixar para lá", caso se trate de algo que o esteja preocupando. Por outro lado, os espíritos muitas vezes se referem a um objeto específico que eles possuíam e que sabem que o meu cliente guardou e que se sentem satisfeitos por ver que foi guardado. Ou Eles se referem ao modo como os seus bens foram distribuídos entre os familiares e dizem o quanto estão orgulhosos dos filhos por terem feito essa partilha sem brigas, sem começar a Terceira Guerra Mundial. Eles não tomam partido de ninguém, mas nos congratulam quando mostramos bom comportamento.

Alguém já deixou de ser seu amigo quando você revelou que falava com espíritos? Se a resposta for afirmativa, como você lidou com isso?

Eu só me lembro de uma vez, quando eu era criança, em que perdi um amigo por causa da minha capacidade. Eu tinha em torno de 11 anos e fui convidada para ir à casa de uma menininha da minha classe chamada Ingrid. Ingrid era muito esperta e bonita, todos os professores gostavam dela e as suas coleguinhas de classe a adoravam. Eu não era exceção, ficava encantada com ela. Ser convidada para ir à casa dela depois da aula já era, para mim, um grande acontecimento, mas além disso os pais dela ainda me convidaram para jantar. Infelizmente, eu ainda não sabia que tinha de pensar muito antes de contar o que eu ouvia e sabia. Quando me sentei à mesa de jantar, a avó falecida de Ingrid (a mãe do pai dela) começou a me dizer coisas sobre a família. Parecia natural que eu me virasse para o pai dela e tentasse dizer o que a mãe dele estava dizendo, mas a reação dele, embora não fosse dramática, foi desoladora para mim. Acho que Ingrid e os irmãos nem perceberam que o pai tinha se levantado da mesa e chamado a esposa para que o seguisse até a cozinha. Eles chamaram os meus pais para virem me buscar e daquele dia em diante nunca mais tive permissão para brincar com Ingrid. Nunca mais fui convidada para ir à casa dela e tenho certeza de que eles espalharam pela vizinhança que eu era uma "criança esquisita". Para uma criança, essa foi uma experiência realmente terrível, não acho que haja uma maneira de lidar bem com isso. Você só tem que seguir em frente, não pode mudar o que as pessoas acreditam. Tive sorte de ter pais que me davam apoio, e os espíritos do Outro Lado sempre me ajudaram quando tive um problema.

Alguém já rompeu um relacionamento com você por achar que lidar com essas coisas do Outro Lado não é uma coisa natural?

Certamente. Eu tinha uns primos que, vai me perdoar por dizer isto, mas não eram as pessoas mais gentis do mundo. Eram desonestos em muitos sentidos e tratavam as pessoas muito mal — não vou nem dizer algumas coisas que eles fizeram. Mas, como todo mundo, queriam leituras sempre que perdiam alguém próximo a eles, e eu não tinha outra escolha — eles eram da família. Depois eles "encontram Jesus" — que, aliás, provavelmente nem sabiam ter perdido — e se tornaram "cristãos". Agora, eu sou *persona non grata* para eles. Não gostam que eu fale do Outro Lado. Antes, é claro, não se importavam. Mas agora que têm religião, decidiram que eu sou do mal. Dizem, "Não queremos ver você, nem falar com você. Enquanto estiver nisso, tire os nossos nomes da sua lista de cartões de Natal". Um deles chegou a me dizer que *ele* era o único ali que podia falar com o Outro Lado, porque era um ministro ordenado! Mais uma vez os espíritos me ajudaram a lidar com isso, a seguir em frente, e a apreciar os amigos e familiares que realmente querem fazer parte da minha vida.

Quer dizer que você é contra a religião?

Eu não gostaria de dizer que sou contra a religião. Para algumas pessoas, a religião funciona, é um bom apoio para elas. Para mim, no entanto, existe uma diferença entre ser religioso e espiritualizado.

Sempre que posso, procuro ser um exemplo para as outras pessoas. Não tenho nenhum problema em usar a minha vida como exemplo. Eu não sou um modelo de virtude. Não nasci perfeita e ainda não sou perfeita. Mas posso dizer, com franqueza, que sou uma pessoa espiritualizada. A diferença entre uma pessoa espiritualizada e os líderes religiosos é que muitos deles farão você acreditar que eles são perfeitos.

Deus conhece o meu coração. Se Ele não concordasse com o meu trabalho, não teria me dado capacidade para fazê-lo. Tudo o que eu faço é tranquilizar as pessoas, ouvi-las, ajudá-las a se sentirem melhor. Não estou pedindo em troca um cheque estratosférico como alguns pastores da TV e não estou dizendo a ninguém, "Se você me trouxer um chumaço de cabelo farei um feitiço para livrá-la do seu ex-marido". Simplesmente acredito em Deus. Isso é importante.

As orações nos salvam ou simplesmente nos mantêm cativos?

Para falar a verdade, eu acho que a oração é uma coisa muito bonita. Acho que é como a meditação. Para mim elas são quase a mesma coisa. Você se tranquiliza e faz uma prece com todo coração e amor que você tem. Como isso pode não ser uma coisa boa? A oração nos mantém cativos ao amor? O que há de tão terrível nisso?

Qual é o benefício de descobrir a verdade sobre o Outro Lado?

A compreensão de que a vida continua no mundo espiritual depois da morte física traz muitas coisas positivas para nós. Ela nos cura. Nos dá paz, conforto e um conhecimento que nos ajuda a ter uma vida melhor, a aprender lições mais facilmente, a viver mais feliz e a ajudar os outros. Ela pode nos ajudar a fazer mudanças que poderiam ser difíceis, porque sabemos que elas realmente são importantes. Não temos só esta vida, a maneira como usamos a nossa energia causa repercussões inimagináveis neste mundo e no outro, ao longo de muitas vidas. A compreensão é importante de ambos os lados do véu. Ela afeta a qualidade da nossa vida, a qualidade do nosso amor e a qualidade do nosso relacionamento, agora e sempre, com Deus.

Os espíritos conhecem o segredo da felicidade neste mundo?

Não é que precisemos criar a felicidade na nossa vida. A felicidade é o nosso estado natural. A dificuldade está em nos livrar do que causa a nossa infelicidade — a maior parte disso diz respeito às nossas próprias atitudes e escolhas.

Temos que olhar a nossa vida como se ela tivesse capítulos. Eu sempre fui feliz. Mas, em diferentes épocas, aconteceram coisas que tentaram acabar com a minha felicidade. Na verdade, somos nós que escolhemos a felicidade. Não podemos esperar que ninguém mais faça isso por nós. Temos o poder de nos recuperar depois de uma grande decepção ou uma grande perda. Ninguém espera que afundemos em pesar ou nos castiguemos — os espíritos não querem isso. Essa atitude não nos leva a nada.

Segundo Eles me disseram, havia grandes planos para a minha vida, uma porção de coisas. E eu ficava tentando fazer com que elas acontecessem, mas ainda não era a hora certa. Continuei pensando nessas coisas, que de fato chegavam bem perto de acontecer, mas simplesmente não aconteciam. A última foi tão decepcionante — passei por ela várias e várias vezes e em cada uma delas tentei manter uma atitude positiva, mas no final simplesmente pensava "Bem, o que há de errado comigo? Parece que não consigo. Talvez eu não tenha que ter isso". Estava me sentindo muito mal comigo mesma, como se eu não fosse boa o suficiente. Eu me dei basicamente duas semanas para vagar por aí no maior baixo astral — o que não faz o meu estilo, mas eu estava tão frustrada e desapontada que deixei que isso afetasse a minha autoestima. Então ouvi o meu pai me dizendo que eu tinha que parar com isso. Ele me mostrou um caminho para me livrar de todos esses pensamentos negativos. (A minha amiga Ginger, que é terapeuta, disse algo parecido). Em vez de engolir comprimidos ou tomar um aperitivo ou fumar um cigarro, reserve um minuto para si mesma e visualize todas as coisas que estão aborrecendo você. Visualize-se colocando-as num saco de lixo preto, amarrando o saco e afundando-o num pântano. Muitas pessoas dirão, "Ah, isso não funciona comigo". Mas você tem que tentar. Basta que se dê um minuto — não precisa mais do que isso. Só visualize-se colocando todo o seu pesar e negatividade, tudo o que lhe aborrece, num saco de lixo e afundando-o. Você ficará encantado ao ver como isso funciona.

Se você pudesse começar a sua vida outra vez e escolher a vida que quisesse, mudaria alguma coisa?

Essa é uma pergunta difícil. Se eu tivesse a chance de escolher, quando era mais jovem, entre manter esta capacidade que tenho e ter um bebê, eu sei que desistiria dessa capacidade sem pensar duas vezes. Eu já disse que agora percebo que ter um filho teria impossibilitado — pelo menos na minha cabeça — que eu divulgasse o meu trabalho ao público em geral. Mas agora, na idade que tenho, e vendo todo o bem que posso fazer às pessoas, ajudando-as a se conectar com os seus entes queridos falecidos, eu honestamente não sei se ter um filho se equipararia a isso. Eu me sinto muito dividida com relação a essa questão — terei que voltar a ela posteriormente.

Quer falar algumas palavras finais de sabedoria?

Tenha confiança. Você só precisa confiar em si mesmo. Você tem tudo de que precisa para ter qualquer coisa que quiser. Acredite nisso. Você precisa manter as coisas em perspectiva nesta vida e apreciar o que tem. Não pode focar o que não tem ou o que acha que está errado na sua vida. E, se eu puder lhe dizer apenas uma coisa que fará uma grande diferença na sua qualidade de vida e na vida das pessoas à sua volta é: SORRIA!

AGRADECIMENTOS

(Vocês todos são importantes para mim!)

- Meu marido, John Bertoldi (também conhecido como Johnny Fontaine) — Obrigada por acreditar em mim quando isso não era nada fácil! Obrigada por iluminar o meu caminho. Obrigada por carregar as minhas sacolas e cozinhar para mim. Obrigada por me amar sempre.

- Aos meus enteados, John e Darlene Bertoldi e Jessica e Lorenzo Franchina, e aos meus netos, Alexander, Julia e Isabella — Obrigada, minhas crianças, por compreender os meus horários malucos e por todo amor e apoio que me dão. Eu amo todos vocês.

- Jon Cornick (também conhecido por Corndog) — Meu herói, Meu amigo... Eu amo você e lhe sou muito grata.

- Cornelia DiNunzio (também conhecida como Mushy) — Minha amiga, minha irmã por quase 15 anos, com quem compartilho a minha vida, o meu amor e as minhas perdas. Você é insubstituível. Eu a amo com todo o meu coração.

- Stephany Evans — Minha adorável agente literária e amiga (a melhor do ramo). Como eu poderei lhe agradecer o suficiente? Eu amo você e lhe serei eternamente grata.

- Minha mãe, Eleanor Ferrell — Você é uma mãe maravilhosa, que me deu ótimos conselhos. Toda a minha vida eu admirei a sua inteligência. Obrigada por aturar a sua filha inegavelmente diferente. Eu sempre a amarei.

- Meu irmão Robert e minha cunhada Choi Ferrell e minha linda sobrinha, Bobbie Concetta (também conhecida como Chinese Chick) — Sou muito agradecida pelo fato de ela ser minha xará e pela sua paciência e apoio. Eu os amo muito.

- Ginger Grancagnolo (também conhecida como Gingerbread) — Minha ferramenta de busca, minha amiga — Obrigada pela sua ajuda maravilhosa. Amo você.

- Hope Innelli — Obrigada por ser tão criativa na promoção deste livro. A HarperCollins tem muita sorte de ter um talento jovem e brilhante como você.

- Elena Oswald (também conhecida como My Sweet Elen Baby), que me manteve calma e me protegeu quando eu me sentia sobrecarregada e um tanto biruta — Obrigada, querida! Amo você.

- Jennifer Pooley — Minha adorável e jovem editora da HarperCollins. Obrigada por se lembrar da minha história e retornar o meu telefonema por acreditar em mim. Você tem sido maravilhosa e, sem você, este livro não existiria.

A todos os meus clientes, obrigada por confiar em mim, acreditar em mim e permitir que eu compartilhasse as suas comoventes histórias e vidas.

Aos meus vários outros amigos e familiares, eu gostaria de expressar o meu muito obrigada por se importar comigo e me amar.

A minha mais profunda gratidão a Carrie Kania e David Roth-Ey, da Harper Paperbacks — Obrigada pela resposta afirmativa e pelo inacreditável apoio a este livro. O meu mais sincero agradecimento a Mauro DiPreta, Jennifer Civiletto, May Chen, Carrie Feron e Samantha Hagerbaumer pela sua paixão e determinação para levar o meu livro a HarperCollins, e a Nicole Reardon e Robin Bilardello, pela competência.